I0502669

Usare
App Inventor 2
Scrivere e distribuire App per cellulari e tablet Android

by Antonio Taccetti

Questo libro è proseguimento del testo "App Inventor, Scrivere e distribuire App per cellulari e tablet Android" che si riferiva alla versione 1 di App Inventor oggi denominata dal MIT "App Inventor Classic".
In questo libro sono presenti alcuni esempi già pubblicati nella versione precedente, ma poiché il codice non è importabile alla versione 2, esso è stato riveduto e talvolta ampliato per essere fruibile in App Inventor 2.
Altri esempi sono stati scritti ex nuovo ed altri ancora sono per i componenti che al momento della pubblicazione del testo "Usare App Inventor" (classic) non erano disponibili.

Le pagine di questo libro sono una raccolta di annotazioni e appunti per App Inventor 2 del MIT (Massachusetts Institute of Technology).
Sulla scorta di queste informazioni sono state scritte e testate App per cellulari e tablet con S.O. Android.
I dati sono stati controllati più volte e le applicazioni testate.

Questa pubblicazione contiene le opinioni dell'autore allo scopo di fornire informazioni precise ed accurate.
L'elaborazione dei testi, anche se curata con scrupolosa attenzione non potrà comportare specifiche responsabilità in capo all'autore e/o editore per eventuali errori o inesattezze.

Il sito ufficiale del progetto App Inventor è http://appinventor.mit.edu/explore/

Termini e condizioni per l'uso del software fornito con gli esempi:
I file aia/apk sono stati testati con successo su dispositivi Android e scaricabili all'indirizzo www.taccetti.net
Per la grande varietà dei dispositivi sul mercato è stato impossibile testare gli esempi su ognuno di essi.
Per questa ragione non può essere garantito che ogni esempio funzioni su qualsiasi dispositivo.

IL SOFTWARE VIENE FORNITO "COSÌ COM'È", SENZA GARANZIE DI ALCUN TIPO, ESPLICITA O IMPLICITA, INCLUSE, MA NON SOLO, LE GARANZIE DI COMMERCIABILITA ', IDONEITA' PER UN PARTICOLARE SCOPO E NON VIOLAZIONE.
IN NESSUN CASO GLI AUTORI O I TITOLARI DEL COPYRIGHT POTRANNO ESSERE RITENUTI RESPONSABILI PER EVENTUALI RECLAMI, DANNI O ALTRE RESPONSABILITÀ, SIA IN UN'AZIONE DI CONTRATTO, TORTO O ALTRO, DERIVANTI DA, O IN CONNESSIONE CON IL SOFTWARE O ALL'UTILIZZO O ALTRI RAPPORTI CON IL SOFTWARE.

Copyright ©

Tutti i diritti sono riservati a norma di legge e a norma delle convenzioni internazionali.
Nessuna parte di questo libro può essere riprodotta con sistemi elettronici, meccanici o altri, senza l'autorizzazione scritta del proprietario dell'opera.
Il codice sorgente degli esempi può invece essere copiato, modificato e utilizzato senza chiedere autorizzazioni purché venga citato il presente testo quale origine del sorgente.
(ad es. codice sorgente prelevato dal testo "Usare App Inventor 2")
Nome e marchi citati nel testo sono generalmente depositati o registrati dalle rispettive case produttrici.

Finito in Firenze 10 luglio 2021

9 781300 732303

Sommario

Un po' di storia

Smartphone, in italiano telefono intelligente, cellulare intelligente, telefonino multimediale, è un dispositivo mobile che abbina funzionalità di telefono cellulare alla gestione di dati personali.

Deriva dai dispositivi palmari PDA (dall'inglese Personal Digital Assistant), conosciuto anche come palmtop.

Commercializzato dal 1985, era equipaggiato di schermo tattile e concepito come agenda elettronica con orologio, calendario, calcolatrice, possibilità di memorizzare note e appunti anche vocali.

Fu in seguito arricchito e perfezionato con nuove funzioni sempre più evolute.

Gli odierni smartphone (anno 2021) oltre ad essere telefoni cellulari ed agende elettroniche, sono equipaggiati con fotocamera e videocamera, possono connettersi in modo permanente ad Internet, consentire la navigazione satellitare, invio e ricezione e-mail ecc.

Con i pregi e le limitazioni dovuti alle ridotte dimensioni, gli smartphone sono dei veri computer dove può essere installato e/o rimosso software aggiuntivo definito genericamente App.

I più diffusi sono gli iPhone della Apple e una moltitudine di brand con sistema operativo Android.

Ogni APP deve essere scritta appositamente per sistema operativo sul quale sarà eseguita.

Gli smartphone sono equipaggiati di un sistema operativo (O.S.) Android e le APP dovevano essere scritte in linguaggio java.

Solo conoscendo tale linguaggio era possibile farlo, ma per il sistema operativo Android questo vincolo è stato superato con App Inventor.

App Inventor è un semplice ambiente di sviluppo per applicazioni Android.

Creato da Google nel 2011, il progetto fu preso in carico del Massachusetts Institute of Technology, nel seguito del libro definito MIT

Il MIT lo fece diventare App Inventor Edu, chiamato anche MIT App Inventor, rilasciando la prima beta pubblica e gratuita raggiungibile all'indirizzo web http://appinventor.mit.edu/

App Inventor è uno strumento web-based (gira in rete senza bisogno di installazione locale) consentendo a chiunque, in modo visuale, di sviluppare APP per S.O. Android.

La differenza fra App scritte in java e quelle fatte con App Inventor consiste nel fatto che mentre con istruzioni Java è possibile realizzare qualsiasi tipo di operazione, con App Inventor le possibilità sono più ristrette perché le istruzioni utilizzabili sono solamente quelle formalizzate dal MIT.

Nel 2013, la prima versione di App Inventor fu rinominata "Classic" e sostituita con App Inventor 2.

Il metodo di programmazione è rimasto identico ma le App assemblate con la versione "Classic" non sono generalmente compatibili con le App assemblate con la versione 2.

Programmare con App Inventor è un processo semplice, le App sono testabili con un dispositivo Android (tablet o cellulare) o con l'emulatore di telefono Android integrato (collegato ad App Inventor).

I test delle App possono essere fatti con con collegamenti WiFi oppure USB.

Questa guida fa riferimento in modo esclusivo alla versione 2 di App Inventor.

Come le App assemblate con App inventor possono essere pubblicate sullo store di Google e vendute.

Requisiti necessari per scrivere App con App Inventor 2

Un personal computer desktop o notebook (portatile) che siano collegati a Internet.
Un account Google, che non è altro che un indirizzo e-mail del tipo xytz @gmail.com, dove xytz sta per quello che volete voi. Se non lo avete, di seguito è spiegato come procurarselo gratuitamente.

Sistemi operativi utilizzabili.

- Mac OS X 10.5 o 10.6 o successive
- Linux Ubuntu 8 o successivi oppure Linux Debian 5 o successivi;
- Windows XP, Vista, 7, 8, 10 o successivo

Browser

- Google Chrome (consigliato)
- Mozilla Firefox 4 o superiore
- Microsoft Edge 91 o superiore
- Safari 5.1 o successivo

Intenet Explorer, al momento in cui scriviamo (ottobre 2020) non è supportato.
App Inventor è uno strumento basato su cloud, per questa ragione la connessione Internet deve essere sempre attiva permettendo di realizzare APP dal browser web.

Da questa pagina web http://appinventor.mit.edu/explore/get-started? si può accedere a tutto il supporto necessario (in inglese).

Sempre nella stessa pagina, in alto a destra, è facilmente distinguibile un pulsante color arancio con sopra scritto "Create", facendo click su questo si accede all'ambiente di programmazione vero e proprio.

Le app prodotte in questo ambiente potranno essere testate con emulatori di diverso tipo, cellulare/tablet con sistema operativo Android e con emulatore in linea fornito da App Inventor2.

Configurazioni

Creare un account gratuito Google

Per accedere ad App Inventor è necessario creare un Account Gmail di Google.
Una volta ottenuto l'account Gmail è possibile utilizzare lo stesso account con stessa password per accedere ad altri prodotti Google come YouTube, Google Play e Google Drive.
A questo indirizzo web:
https://accounts.google.com/signup/v2/webcreateaccount?flowName=GlifWebSignIn&flowEntry=SignUp
è possibile creare l'Account Google.
Scrivendo "**Crea il tuo Account Google**" nella casella di ricerca Google solitamente la prima occorrenza fra i risultati ha il link che rimanda a questo stesso indirizzo.

Seguire i passaggi di configurazione dell'account visualizzati.
Può accadere che il nome utente scelto non sia disponibile, significa che il nome utente è già in uso da altra persona oppure è stato riservato da Google per prevenire spam o comportamenti illeciti.

Una volta terminato è possibile utilizzare questo l'account come qualsiasi altro indirizzo di posta elettronica.

Configurare dispositivo per i test delle app

Al MIT mostrano quattro diversi metodi utili a testare le App, in realtà, disponendo di un dispositivo con sistema operativo Android (smartphone, tablet ecc.) e di una connessione Internet wireless, è possibile utilizzare App Inventor senza scaricare nulla sul computer locale.
Per eseguire i test dal vivo basta installare sul dispositivo, dal Play Store, l'App "MIT App Inventor Companion".

Per i test col dispositivo come emulatore, in "MIT App Inventor Companion" può essere necessario barrare la casella "Use Legacy Connection".

Accedere ad App Inventor

La prima volta andare all'indirizzo https://appinventor.mit.edu/ e fare click sul pulsante "Create Aps!"
Verrà chiesto di inserire le credenziali citate nel paragrafo "**Creare un account gratuito Google**", una volta fatto è possibile iniziare a programmare.

Fare click sulla voce menù Progetti, si aprirà una tendina, fare click sulla voce "Avvia nuovo progetto".

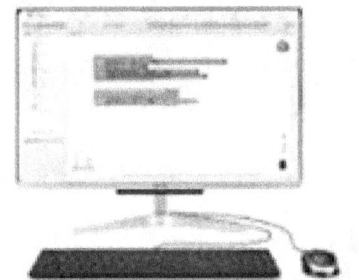 

Crea il progetto dal tuo computer
collegato al server del MIT

Provalo in tempo reale
dal dispositivo
collegato con Wi Fi

l'App Inventor Companion è disponibile su Google Play ed anche a questi indirizzi:
https://play.google.com/store/apps/details?id=edu.mit.appinventor.aicompanion3

http://appinventor.mit.edu/explore/ai2/setup-device-wifi

Questa scelta è fortemente consigliata dal MIT, per gli altri 3 metodi consultare la pagina web:
http://appinventor.mit.edu/explore/ai2/setup
in lingua inglese.

Ambienti di sviluppo

L'ambiente di sviluppo di App Inventor è composto da due parti integrate fra loro, Progettazione e Blocchi. Entrambe le aree di lavoro condividono uno stesso menù orizzontale con le seguenti voci:

- **Progetti**: permette di avviarne nuovi progetti, salvarli, importarli, esportarli ed eliminarli.
  Permette di gestire le chiavi del progetto utili per la sua pubblicazione in rete.
- **Connetti**: permette di testare il progetto con vari metodi.
  La più importante e consigliata è la voce AI Companion, al click su questa verrà visualizzata una finestra dove apparirà un QR code.
  Dal dispositivo Android, utilizzando l'App "MIT AI2 Companion", è possibile scannerizzare il QR code avviando l'App (anche se incompleta) testandola sul dispositivo.
- **Compila**: Permette di compilare il progetto creando un file apk, esecutivo su sistemi Android.
- **Settings**: Disable Project Autoload, disabilita il caricamento automatico del progetto.
  OpenDyslexic è utile per utenti con problemi.
- **Aiuto**: documentazione e guide, generalmente in lingua inglese.
- **I miei Progetti, View Trash, Guida**: sono praticamente un doppione delle precedenti.
- **Segnala un Problema**: utile per segnalare problemi nel forum del MIT dedicato ad App Inventor
- **Italiano. English** …: Permette di cambiare la lingua da visualizzare nei menu ed in parte dei blocchi.

Subito al di sotto il nome della App in uso e quattro pulsanti utili alla programmazione.

- **Screen1**: nome della videata in uso per la App in assemblaggio.
- **Aggiungi Schermo**: permette di aggiungere uno Screen alla App in uso.
- **Rimuovi Schermo**: permette di eliminare uno Screen alla App in uso.
- **Pubblica nella Galleria**: Permette di inviare progetti alla galleria sul MIT.
  Per poterlo fare è necessario configurare un proprio Account Galleria nella finestra MIT App Inventor.
  Per farlo, accedere dal pulsante "Accedi alla nuova galleria".

Per alternarsi fra gli ambienti **Progettazione** e **Blocchi** è necessario fare click sui rispettivi pulsanti in alto a destra delle rispettive finestre.

Ambiente Progettazione (Designer)

In questo ambiente il programmatore seleziona i vari componenti necessari al funzionamento della App definendo l'interfaccia della App, ovvero come questa apparirà all'utente finale.

La pagina è composta da 5 parti: **Componenti Disponibili**, **Visualizzatore**, **Componenti**, **Media** e **Proprietà**.

Componenti Disponibili

Ad oggi, anno 2021, si compone di 10 sezioni suddivise per categorie, più 2 extra, una per i componenti sperimentali e l'altra per le estensioni.
Le estensioni sono parti aggiuntive create dagli sviluppatori per azioni non standard dei componenti.

Le 10 sezioni sono: **Interfaccia utente, Impaginazione, Multimediale, Disegno e Animazione, Maps, Sensori, Social, Archiviazione, Connettività, LEGO MINDSTORMS**.

Ogni sezione contiene componenti inseribili nell'applicazione.
Alcuni componenti sono visibili, come per esempio i pulsanti, altri non lo sono ma sono utilizzabili i loro eventi come per esempio il componente telefonata della sezione Social.

Di fianco a ciascun componente è presente un punto interrogativo, cliccandoci sopra si apre una finestra con descrizione del componente e come può essere utilizzato (proprietà, eventi, metodi).

Per inserire un componente all'interno dell'applicazione è sufficiente selezionarlo con il tasto sinistro del mouse e trascinarlo all'interno del Visualizzatore nel centro dello schermo.
Una volta trascinati, alcuni componenti non saranno visibili nella schermata e verranno posizionati più in basso del Visualizzatore tra i "Componenti non-visibili" ad indicare che essi, pur facenti parte dell'applicazione, agiscono "dietro le quinte".

Visualizzatore

Posto al centro dello schermo, simula la schermata del dispositivo, qui vengono disposti i componenti. Permette anche di farsi un'idea di come l'applicazione verrà riprodotta sul display.

Componenti

Collocato a destra dello schermo mostra la sintesi degli oggetti inseriti nel Visualizzatore.
Sono graficamente presentate le relazioni fra componenti, ad es. quando un componente ne contiene altri una indentatura (espandibile al click) mostra, elencati uno sotto l'altro, i componenti contenuti.
Facendo click sul nome dei componenti (selezionandoli) e poi sul pulsante Rinomina oppure Elimina è possibile eliminarli o rinominarli.
In ambiente Blocchi, quando un componente viene rinominato, tutti i blocchi che fanno riferimento a quel componente vengono automaticamente aggiornati impedendo errori durante l'esecuzione della App.

Media

Posto al di sotto della colonna Componenti, può contenere file audio o immagini da utilizzare nell'App.
Facendo click sul pulsante "Carica file.." devono essere inseriti caricandoli dal disco locale.
Facendo click su ciascuna icona questi file è possibile ottenerne una anteprima (Preview), scaricarli sul proprio pc oppure eliminarli dalla App.

Proprietà

Ubicato sul margine desto dello schermo, al click su di un Componente già facente parte dell'App, permette di verificarne proprietà, attributi e modificare i valori di default.
La modifica dei valori di default può generalmente essere fatta anche nell'ambiente Blocchi.

I componenti trascinati nel Visualizzatore sono statici, per poter definire come essi interagiranno tra loro o con gli utenti dell'App è indispensabile passare all'ambiente Blocchi e programmare queste azioni.
Il passaggio fra gli ambienti Progettazione e Blocchi, testando le App durante il ciclo di sviluppo, può essere fatto ogni qualvolta è ritenuto opportuno.

Ambiente Progettazione (Designer)

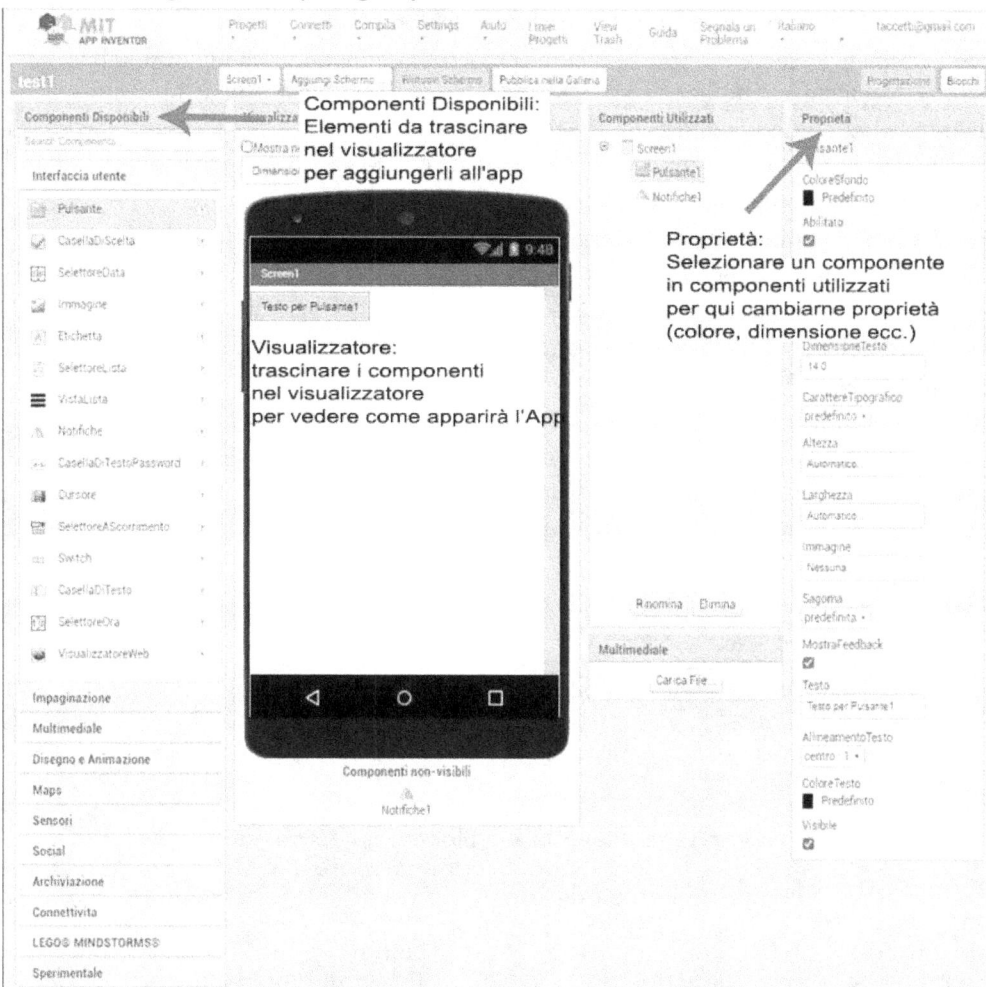

Ambiente Blocchi (Blocks)

Al primo accesso si presenta come una schermata quasi completamente vuota con ai margini alcune icone

- A destra in alto un'icona a forma di zaino dove trascinare blocchi o gruppi di blocchi.
  Il contenuto dello zaino è disponibile per tutte le App assemblate con lo stesso account.
- A destra in basso un cestino dove trascinare i blocchi da eliminare.
- A sinistra in basso, due icone per abilitare o inibire segnalazione di avvertimenti ed errori

Lavorando con i blocchi, specie quando aumenta la complessità della App, può essere utile ottimizzare lo spazio, inserire commenti ecc.
Per farlo occorre fare click sui blocchi con il pulsante destro del mouse, si aprirà un menù dal quale è possibile scegliere fra le voci:

- **Duplica**: permette di duplicare un blocco o gruppi di blocchi.
  Può generare errori, ad esempio: This is a duplicate event handler for this component.
  In Italiano: Questo è un gestore di eventi duplicato per questo componente.
- **Inserisci commento**: Sul blocco appare un punto interrogativo.
  Al click su questo si aprirà una finestra dove inserire il commento, il ? funge da interruttore per aprire e chiudere la finestra commenti.

- **Riduci blocco**: collassa il blocco compreso eventuali blocchi interni, non inficia il funzionamento. Nel menù a tendina la voce "Riduci blocco" cambia in "Espandi blocco".
- **Disabilita blocco**: Disabilita il blocco compreso eventuali blocchi interni, non sarà più disponibile nel flusso del programma. Nel menù a tendina la voce "Disabilita blocco" cambia in Abilita blocco.
- **Add to Backpack**: Inserisce i blocchi nello zaino (Backpack). Il contenuto dello zaino è disponibile per tutte le App assemblate con lo stesso account.
- **Elimina blocco**: Elimina il blocco compresi eventuali altri blocchi in esso contenuti.
- **Download Blocks as PNG**: permette di scaricare, come immagini, su PC locale i blocchi della App.
- **Aiuto**: contiene un link alla guida sul server del MIT (in lingua inglese.)

Facendo click in un punto vuoto del Visualizzatore appare un menù con le stesse voci che però agiscono sul contesto generale del Visualizzatore.

- **Annulla**: permette di annullare le ultime operazioni fatto sui blocchi ed es. la cancellazione. La stessa azione essere fatta da tastiera premendo insieme i tasti Ctrl+z
- **Ripeti**: Annulla ciò, che è stato annullato con la voce precedente.

Ambiente Blocchi (Blocks)

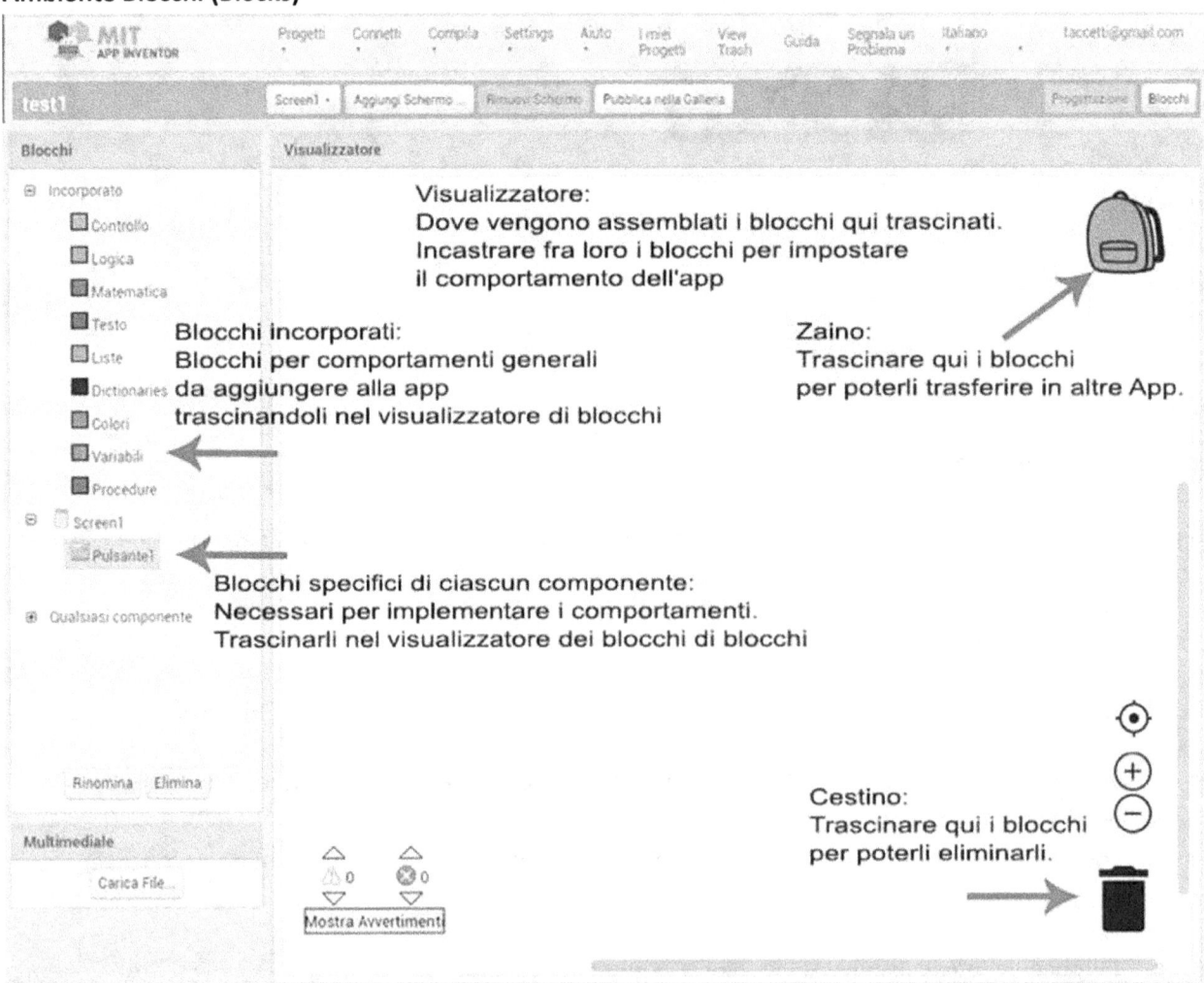

Come si programma in Ambiente Blocchi (Blocks)

La pagina Blocchi è composta da 2 parti, menù Blocchi e Visualizzatore.

A sinistra, sotto il titolo **Blocchi** del menu, vi sono due sotto voci **Incorporato** e **Qualsiasi componente**. Al click su ogni voce si apre una finestra con un elenco di blocchi, ogni blocco rappresenta il codice necessario ad implementare i comportamenti dei Componenti (definiti in ambiente Progettazione).

La programmazione con App Inventor si basa interamente su elementi grafici, i blocchi devono essere assemblati visivamente come componendo un puzzle.
Per programmare, occorre trascinare i blocchi dal menù Blocchi (a sinistra sull'area di lavoro) nel Visualizzatore posto al centro della pagina.
Su ciascun blocco sono stampate frasi di senso compiuto che ne descrivono l'azione, cioè quello che il blocco è predisposto a fare.
Ciascun blocco è sagomato con sporgenze e rientranze in modo da permette a certi blocchi d'incunearsi solo con alcuni escludendone altri.
I pezzi si incuneano fra loro solo quando le azioni risultanti dal montaggio sono corrette.
Questo metodo rende praticamente impossibile sbagliare nella costruzione delle frasi e quindi nel commettere errori sintattici nella scrittura del codice di programmazione sottostante.
Una volta incastrati, App Inventor scrive in sottofondo il codice java necessario.

Menù blocchi

- **Incorporato**: Blocchi sempre presenti a prescindere dai Componenti presenti nel progetto.
  Sono ripartiti per categorie i cui nomi esprimono le loro funzionalità.
  Controllo, Logica, Matematica, Testo, Liste, Dictioneries, Colori, Variabili, Procedure.
  - **Screen**: Considerato un componente, qui si trovano i blocchi che permettono operazioni con lo screen, inizializzare i valori, passare fra screen diversi, nascondere tastiera virtuale ecc.
- **Qualsiasi componente**: Contiene le barre dei comportamenti per i Componenti inseriti nel progetto.
  Se un componente non è inserito nel progetto (nell'ambiente Progettazione) qui non compare nulla.
  Per ciascun componente possono essere trascinati i blocchi specifici del componente stesso.
  Ad es. per un Componente Pulsante, il blocco che, se cliccato, rileva l'evento per quel pulsante.

Blocchi incorporati

Panoramica dei blocchi incorporati con esempi di quegli più importanti o di maggior utilizzo.

Blocchi screen

Permettono di gestire il contenitore dalla App, cioè il display (screen).
Per estrarli occorre fare click sulla voce screen1, ultima voce dei blocchi incorporati, nel caso l'App utilizzi una maggiore quantità di screen il nome non sarà scren1 ma quello dello screen corrente.
App Inventor permette la costruzione di App con più screen, occorre prestare attenzione perché ciò è molto costoso in termini di risorse.
Come regola generale non è opportuno utilizzare più di 10 screen per ogni App, quando accade App Inventor manda un messaggio di avviso per superato limite.
In alternativa a schermate multiple è spesso possibile utilizzare schermate "virtuali" gestendo la visibilità dei componenti mostrandoli o nascondendoli secondo necessità tramite la proprietà Visible.

Non tutti i blocchi incorporati che permettono la gestione dello screen si trovano nella voce menù Screen, altri sono rintracciabili sotto la voce menu Controllo.

Sotto la voce **Controllo,** i più importanti sono:

- **Chiudi schermo** (close screen)
  Chiude la schermata corrente.
- **Chiudi schermo con un valore risultato** (close screen with value result)
  Chiude lo schermo corrente restituendo un valore allo schermo dal quale era stato aperto.
- **Apri un altro schermo, nome schermo** (open another screen scrrenName)
  Apre la schermata con il nome fornito.
- **Apri un altro schermo con valore di avvio** (open another screen with start value)
  Occorre fornire nome dello schermo da aprire e valore da passare
- **Ottieni il testo di inizio** (get plain start text), restituisce il testo passato alla schermata nell'apertura.
  Se non è stato passato alcun valore, restituisce il testo vuoto.
- **Ottieni il valore di avvio** (get start value), acquisisce un valore iniziale arrivato dallo screen chiamante.

Per maggiori dettagli vedere Blocchi controllo/controllo dell'applicazione.

inizializza (initialize)

Evento di inizializzazione viene eseguito all'avvio della schermata.

L'evento può essere ripetuto esclusivamente quando lo screen viene chiuso e poi aperto di nuovo.

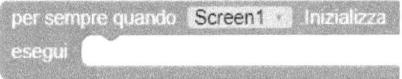

OrientamentoSchermoCambiato

Al cambio dell'orientamento dello schermo vanno in esecuzione i blocchi interni.

SiEVerificatoUnErrore (ErrorOccured), blocco che va in esecuzione quando si verifica un errore

Solo alcuni errori genereranno questa condizione, il sistema mostrerà una notifica predefinita.

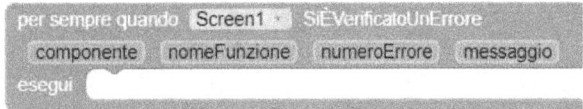

NascondiTastiera. Nasconde la tastiera virtuale

Un utilizzo tipico è quando, per acquisire dati, viene utilizzato il componente CasellaDiTesto.
Nell'uso compare automaticamente la tastiera virtuale, terminata la digitazione l'utente deve premere un pulsante (ok, esegui ecc.), questo blocco inserito nel blocco pulsante nasconde la tastiera virtuale.

InfoSChermo, legge o imposta informazioni sullo schermo.

Appare quando nell'App, dal menu di sistema, viene selezionato "Informazioni su questa applicazione"
In App con screen multipli ogni screen può avere proprie informazioni.

titolo

All'aggiunta di screen viene loro assegnato un nome di default sostituibile in ambiente Progettazione

Questi blocchi permettono di leggerne o cambiare il titolo.

ColoreSfondo, legge o imposta colore dello sfondo del display

In mancanza di questo comando è usato il colore impostato in ambiente progettazione di default.

ImmagineSfondo, legge o imposta l'immagine dello sfondo del display

In mancanza di questo comando è usato il colore di default o impostato in ambiente progettazione

AnimazioneAperturaSchermo e AnimazioneSuChiusuraSchermo

Permettono di identificare o eseguire animazioni su apertura o chiusura screen

OrientamentoSchermo, legge o imposta l'orientamento dello screen

Scrollabile, identifica o imposta (abilita / disabilita) lo scrooll dello schermo

Blocchi Variabili

Le variabili, elementi basilari di ogni linguaggio di programmazione, sono porzioni di memoria all'interno delle quali vengono conservate informazioni da utilizzare durante lo svolgimento del programma.

La loro caratteristica è la possibilità di cambiare il valore contenuto durante l'esecuzione del programma.

Le variabili possono essere definite come globali oppure locali.

Le variabili globali sono visibili e modificabili in qualsiasi punto del programma mentre le variabili locali sono visibili solo all'interno di una procedura (descritta in seguito.)

Ogni variabile, sia globale che locale può contenere dati di tipo numerico, booleano, stringhe, liste, colori.

- Variabili globali

Facendo clic sul nome è possibile cambiarlo

`inizializza variabile globale  nome  con valore`

Accetta, come argomento, qualsiasi tipo di valore e può essere utilizzata in ogni punto, procedura o evento.

Quando il valore cambia, esso cambia in ogni parte dell'app compreso procedure e gestori di eventi.

Rinominando una variabile tutti i blocchi associati verranno aggiornati automaticamente evitando errori.

Valore di (get)

Fornisce il modo per ottenere il valore delle variabili.

`valore di`   `valore di global nome`

- global ListaSecondaria
- global MiaLista
- global nome

Dispone di un menù a tendina dal quale è possibile scegliere la variabile a cui fare riferimento.

Il blocco serve ad assegnare il valore della variabile ad un altro blocco.

-Variabili locali

Inizializza variabile locale al valore (initialize local name to)
Blocco mutatore, consente di creare nuove variabili il cui valore è visibile ed utilizzabile solo nella procedura dove vengono dichiarate.

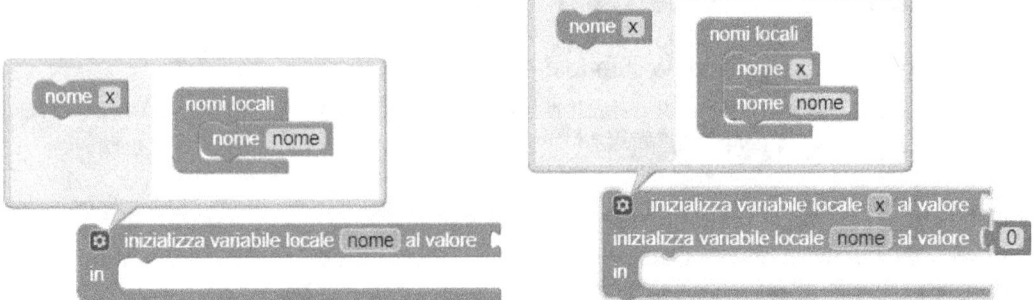

Ogni volta che la procedura viene eseguita, le variabili inizieranno tutte con il valore prestabilito.
Questo blocco d'esempio ha all'interno lo spazio per inserirvi blocchi di istruzioni.

inizializza variabile locale nome al valore (initialize local name to) con valore di ritorno
Blocco mutatore, consente di creare variabili il cui valore è visibile ed utilizzabile solo nella procedura.

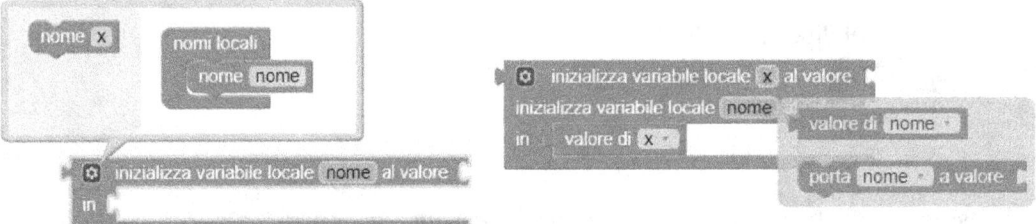

Ogni volta che la procedura viene eseguita, le variabili sono inizializzate con valore prestabilito.
La presa (socket) per collegare le espressioni fa in modo che la procedura possa restituire un valore.

Blocchi Controllo

I blocchi Controllo possono essere suddivisi in tre sottogruppi con peculiarità diverse che sono: controllo di flusso, cicli, controllo dell'applicazione.

Qui l'elenco dei blocchi (in inglese) http://ai2.appinventor.mit.edu/reference/blocks/control.html
di seguito, in italiano, i blocchi più importanti ed usati.

- Controllo di flusso

Con questi blocchi è possibile implementare capacità decisionali al presentarsi di una certa condizione.
Ad esempio, in un gioco, verificare il punteggio raggiunto, se inferiore ad un certo valore eseguire una parte di codice, se invece è uguale o superiore eseguirne uno diverso.
Si tratta del fondamento di qualsiasi linguaggio di programmazione, i blocchi principali sono.

Blocco: se ... allora ... altrimenti (if then else)
Verifica una determinata condizione.
Se la condizione è vera, esegue il codice dei blocchi contenuti, in caso contrario i blocchi vengono ignorati.
Il blocco può essere modificato aggiungendo ulteriori condizioni.
Per farlo occorre cliccare sul pulsante a forma di ingranaggio all'interno del blocco.

Ad esempio, aggiungendo il blocco "altrimenti", se la condizione è vera, esegue le azioni nella sequenza di blocchi allora, in caso contrario, esegue le azioni altrimenti.

- Cicli

Sono blocchi adoperati per l'esecuzione di operazioni ripetitive.

Alcuni dispongono di condizioni da testare nel ciclo ed in seguito al risultato eseguono o meno un'azione.

All'interno del ciclo possono essere inseriti altri blocchi,

ad esempio blocchi condizionali del tipo **se … allora .. altrimenti** ecc. nonché blocchi di variabili.

Le variabili possono svolgere il ruolo di contatore cicli fatti oppure contenere valori da testare.

Anche in questo caso, in seguito al risultato del test viene eseguita o meno un'azione.

per ogni numero da X a Y a salti di Z (for each number from X to Y by Z)

Esegue cicli sui blocchi nella sezione "**esegui**" (nell'esempio 5 cicli)

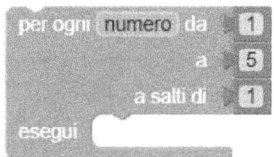

Esegue i blocchi della sezione "**esegui**" per ogni valore numerico nell'intervallo partire "**da**" e terminano in "**a**, incrementando il valore "**a salti di**" per ogni ciclo.

Di fatto "**numero**" è una variabile il cui nome può essere cambiato facendo click su di esso.

per ogni elemento nella lista (for each item in list)

Esegue i blocchi nella sezione **esegui**

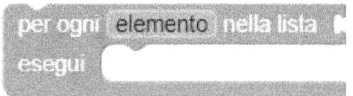

Utilizzare il nome di variabile fornito, "**elemento**" per fare riferimento alla voce di elenco corrente.

Il nome di "**elemento**" può essere cambiato, basta fare click su di esso e scriverne uno diverso.

finché test (while test)

Verifica la condizione dei blocchi nella presa di "**finchè test**" (qui mancanti), se ha esito positivo esegue l'azione indicata in "**esegui**", quindi verifica di nuovo.

Quando il risultato del test è negativo il flusso del codice esce dal blocco e l'azione in "**esegui**" ignorata.

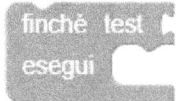

- Controllo dell'applicazione

Blocchi che consentono di passare fra screen, chiudere e/o aprire screen ed anche di terminare l'App.

Apri un altro schermo (open another screen screenName)

Apre la schermata con il nome fornito (in questo esempio SchermoPunteggio).

> apri un'altro schermo nomeSchermo ▸ ◂ " SchermoPunteggio "

NomeSchermo deve essere uno degli schermi creati in ambiente "Progettazione", deve essere inserito nella presa usando un blocco Testo dove il nome è digitato come creato in ambiente "Progettazione".

Aprendo un nuovo screen è buona norma chiudere la schermata non più attiva liberando memoria.

Apri un altro schermo con valore di avvio (open another screen with start value)

> apri un altro schermo con un valore di avvio nomeSchermo ▸ ◂ " SchermoPunteggio "
> valoreAvvio ▸ ◂ 123

Apri un altro schermo passando un valore, nell'esempio lo screen è SchermoPunteggio, il valore 123.

Ottenere il valore di avvio all'apertura di screen

Viene dichiarata una variabile globale "**nome**" che conterrà il valore pervenuto dallo schermo precedente.
All'apertura dello schermo "**SchermoPunteggio**" il valore è ottenuto utilizzando il blocco "**ottieni il valore di avvio**" all'interno del blocco **SchermoPunteggio.Inizializza** ed assegnato alla variabile **"Nome"** .

> inizializza variabile globale [nome] con valore ▸
>
> per sempre quando [SchermoPunteggio ▾] Inizializza
> esegui porta [global nome ▾] a valore ◂ ottieni il valore di avvio

chiudi schermo

Chiude la schermata corrente.

> chiudi schermo

chiudi schermo con un valore risultante

> chiudi lo schermo con un valore risultato ◂ 456

Chiude lo schermo corrente restituendo un valore allo schermo dal quale era stato aperto (es. 456).

chiudi applicazione

> chiudi applicazione

termina l'App

Blocchi: Logica

Blocchi che rappresentano variabili booleniane, conosciute come variabili logiche, possono assumere solo i valori vero (true) o falso (false).
Le variabili booleane sono utilizzate per memorizzare lo stato di una condizione.
Come per una lampada che può essere solo accesa (on) o spenta (off), una variabile booleana per la visibilità di un pulsante può assumere soltanto lo stato di vero (visibile) o falso (non visibile).
Le operazioni su questi blocchi sono eseguite con operatori logici ed espressioni booleane.

vero (true) falso (false)

Rappresentano i valori delle costanti booleniane vero (true) e falso (false).
Devono essere utilizzate per impostare i valori delle proprietà booleane dei componenti o come valore contenuto in una variabile che rappresenta una condizione.

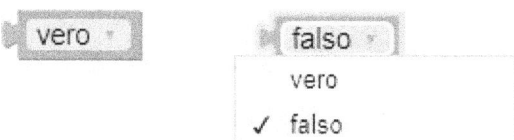

Il blocco dispone di un menù a tendina può quindi essere agevolmente convertito nel suo opposto.

non (not)

Esegue la negazione logica, restituendo falso (false) se l'input è vero e vero (true) se l'input è falso.

= {# =}

Verifica se gli argomenti sono uguali o diversi.

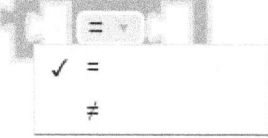

Dispone di un menù a tendina per essere impostato secondo la necessità.

- Due numeri sono uguali se sono numericamente uguali, ad esempio 1 è uguale a 1.0.

- Due blocchi di testo sono uguali se hanno gli stessi identici caratteri nello stesso ordine. Ad esempio, la letizia non è uguale a Letizia che ha iniziale maiuscola.

- Numeri e testo sono uguali se in caso di stampa sarebbero sono uguali.

- Due liste sono uguali se hanno stessa quantità di elementi, nome elementi e posizione.

e (and)

Verifica se un insieme di condizioni è vero, usando il mutatore la quantità dei test può essere modificata. Le condizioni vengono verificate da sinistra a destra, risultato è vero solamente quando tutte le condizioni testate sono vere. Se non ci sono condizioni per testare, il risultato è vero.

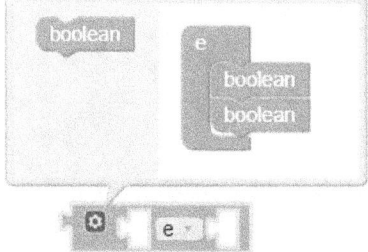

o (or)

Verifica un insieme di condizioni da sinistra a destra, se una qualsiasi delle condizioni logiche è vera il risultato è vero, se non ci sono condizioni il risultato è falso.

Usando il mutatore la quantità dei test può essere modificata secondo necessità.

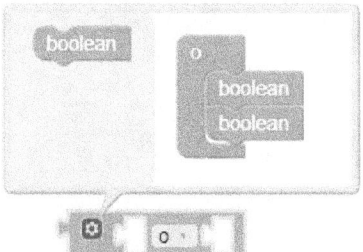

Blocchi: Matematica

Blocchi con i quali è possibile compiere operazioni matematiche semplici e complesse.

Il blocco fondamentale è quello definito come "**Blocco numerico di base**" (basic number block),

utilizzabile per rappresentare qualsiasi numero, positivo o negativo, intero o decimale.

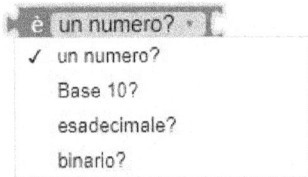

Su tutti i blocchi è scritto ciò a cui possono essere utilizzati.

L'elenco completo dei blocchi (in inglese) http://ai2.appinventor.mit.edu/reference/blocks/math.html

di seguito, in italiano i blocchi/lista più importanti.

è un numero?

Controlla se il valore dell'argomento è numerico

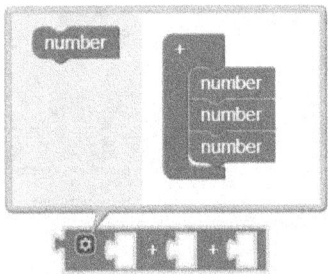

Il blocco dispone di menù a tendina permettendo di testare anche il tipo di dizione numerica.

+ (somma)

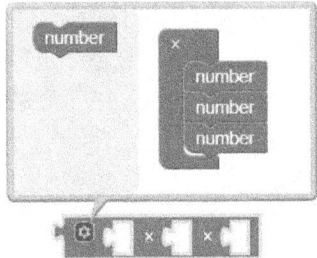

Blocco mutators, permette di espandere gli spazi previsti di default per somme con più valori.

Per attivare questa funzionalità occorre fare click sul simbolo blu a ingranaggio.

* (moltiplicazione)

Blocco mutators, permette di espandere gli spazi previsti di default per moltiplicazioni con più fattori.

Per attivare questa funzionalità occorre fare click sul simbolo blu a ingranaggio.

- (sottrazione) e / (divisione)

Permettono di fare operazione e /o sottrazione del primo valore per il secondo valore.

^ (elevazione a potenza)

Permette di fare l'elevazione a potenza del primo valore al valore del secondo questo caso 5 alla terza.

Radice quadrata

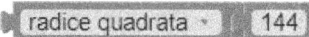

Restituisce la radice quadrata di un numero, in questo esempio di 144

Comparazione

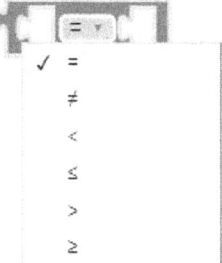

Blocchi per il confronto di due valori numerici, restituisce vero se la comparazione ha esito positivo.

Numeri casuali

Restituisce un numero intero casuale in un range dato, nell'esempio fra 1 e 100

Seno, coseno, tangente e loro inversi

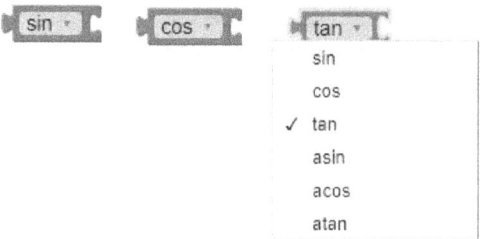

Permette di calcolare, seno, coseno, tangente e loro inversi, i blocchi dispongono di menù a tendina.

arrotonda un numero

radice quadrata, valore assoluto, opposto, log e^ arrotonda, per eccesso, per difetto

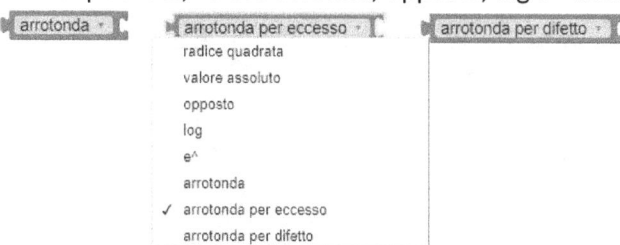

I tre blocchi dispongono di menù a tendina permettendo di essere interscambiabili.

Converte gradi in radianti e viceversa

I due blocchi dispongono di menù a tendina permettendo di essere interscambiabili

Formattazione numero decimale

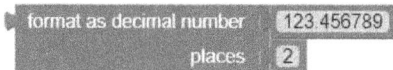

Formattare un numero decimale specificando il livello di precisione, (quantità di cifre dopo la virgola).

In questo esempio la cifra 123.456789 viene formattata con 2 cifre decimali, il risultato è 123.45
Il sistema utilizza la notazione anglosassone dove virgola e punto sono invertiti rispetto a quella italiana.

Blocchi: Testo

Blocchi con i quali è possibile compiere operazioni sulle stringhe di testo.
Una stringa di testo è un blocco che può contenere numeri, lettere e spazi.
Il "blocco stringa", indipendentemente da suo contenuto, è sempre considerato un oggetto di testo.

 blocco stringa

Il blocco può essere inserito vuoto e poi popolato con caratteri.
App Inventor dà la possibilità di compiere le principali operazioni sulle stringhe come misurare, confrontare ed unire più stringhe, eliminare spazi vuoti, convertire maiuscolo in minuscolo e viceversa nonché verificare se un blocco stringa è vuoto e molto altro.
Qui l'elenco completo (in inglese) http://ai2.appinventor.mit.edu/reference/blocks/text.html
di seguito, in italiano i blocchi/testo più importanti.

Unire più stringhe

Per unire più stringhe in un'unica stringa si usa il blocco unione (join)

Blocco mutators, può essere "ampliato" per collegare più delle due stringhe previste di default.

ritaglia (trim) elimina eventuali spazi vuoti presenti prima o dopo la stringa

Maiuscole e minuscole (upcase e downcase), trasforma una stringa in minuscolo o maiuscolo

lunghezza Calcola la lunghezza di una stringa (spazi compresi), il valore restituito è un numero.

è vuoto Verifica se una stringa è vuota, restituisce vero (true) se vuota, in caso contrario falso (false).

confronta testi Il blocco compie la comparazione tra due stringhe posizionate a sinistra e destra del blocco.
Gli operatori sono minore, uguale, diverso, maggiore, selezionabili da un menù a tendina.
Il simbolo dell'uguaglianza verifica se le due stringhe sono identiche.
Con maggiore e minore la verifica è da un punto di vista logico-alfabetico.

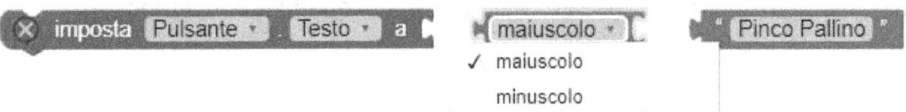

posizione nel testo del brano

I blocchi posizione nel testo (starts at text) e contiene (contains text) permettono di controllare se una data stringa inizia o contiene una determinata sottostringa

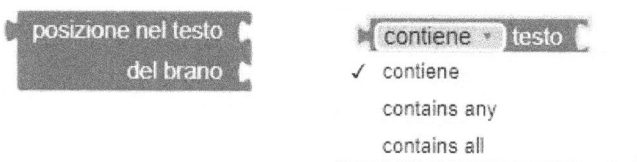

A entrambi i blocchi devono essere passati due argomenti, la stringa sulla quale effettuare la verifica e la sottostringa della quale si desidera verificarne la presenza.

Il blocco **contiene testo** dispone di un menù a tendina dal quale è possibile scegliere fra **contiene**, **contains any** (contiene qualsiasi), **contains all** (contiene tutto)

Suddividere una stringa con vari metodi

dividi testo ad ogni

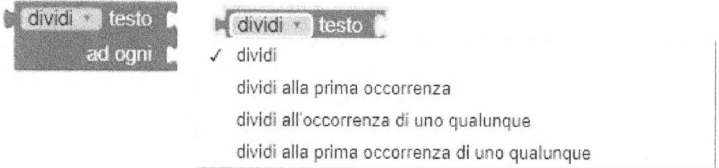

divide una stringa sulla base di uno specifico separatore "**ad ogni**", dispone di un menù a tendina per dividere alla prima occorrenza, all'occorrenza di uno qualunque, alla prima occorrenza di uno qualunque. Restituisce una lista di elementi.

dividi ali spazi (split at spaces)

attua la divisione della stringa agli spazi, restituisce una lista di elementi.

Tagliare e sostituire

Per tagliare una stringa o sostituire caratteri usare i blocchi "segmenta testo" e "sostituisci in tutto il testo"

"**Segmenta testo**": estrae il segmento in base ai parametri partendo dal testo indicato e dalla posizione indicata, il primo carattere della stringa ha posizione 1.

"**Sostituisci in tutto il testo**": restituisce un nuovo testo ottenuto dalla sostituzione di tutte le occorrenze in "**rimpiazzando segmenti**" ad al posto di questi mette il testo specificato in "**con**".

Blocchi: Procedure

Una procedura (in altri linguaggi detta anche funzione, routine, subroutine ecc.), è un costrutto sintattico che permette di raggruppare, all'interno di un software, una sequenza di istruzioni in un unico blocco.

Partendo da definiti input, nella procedura, vengono eseguite specifiche elaborazioni che possono anche restituire dati.

L'importanza, la praticità e i vantaggi di una procedura risiedono nel fatto che essa può essere "richiamata" ogni qualvolta sia necessario fare le elaborazioni per le quali la procedura è stata scritta.

Ad esempio una procedura scritta per calcolare il volume di un solido può essere richiamata passandole l'area di base e l'altezza per poi ricevere di ritorno il valore riguardante il volume.

Essa potrà essere richiamata ogni qualvolta occorrerà conoscere il volume qualsiasi solido analogo.

Le procedure permettono anche una più facile manutenibilità del codice e ricerca di errori.

Una procedura può, a sua volta, richiamare altre procedura restando in attesa che questa terminino.

In App Inventor una procedura è un blocco "procedura" contenitore contente un insieme di blocchi che assolvono ad una specifica funzione.

Le procedure devono essere create in ambiente "Blocchi", alla voce "Procedure".

Alla creazione di una procedura App Inventor imposta un nome univoco e genera automaticamente il blocco necessario alla chiamata della procedura (sempre sotto la voce "Procedure").

Il blocco necessario alla chiamata può essere duplicato ed usato tutte le volte sia necessario.

Facendo click sul nome della procedura è possibile digitare un nome diverso e identificativo del compito della procedura, prestare attenzione perché i nomi delle procedure devono essere univoci.

Al cambio dei nomi delle procedure i nomi dei blocchi chiamanti vengono adeguati in modo automatico.

Le procedure sono di due tipi:

- **Procedura semplice**: Può riceve un argomento (valore), esegue dei calcoli.
  Blocco: Crea procedura - esegui (do procedure - do)
- **Procedura con valore di ritorno**: riceve un argomento (valore), esegue i calcoli e restituisce un valore
  Blocco: Crea procedura risultato (to procedure result)

Un argomento è un valore di input per la procedura.

Definire la procedura trascinando una procedura del genere scelto nel Visualizzatore.

-Procedura semplice e con invio valori

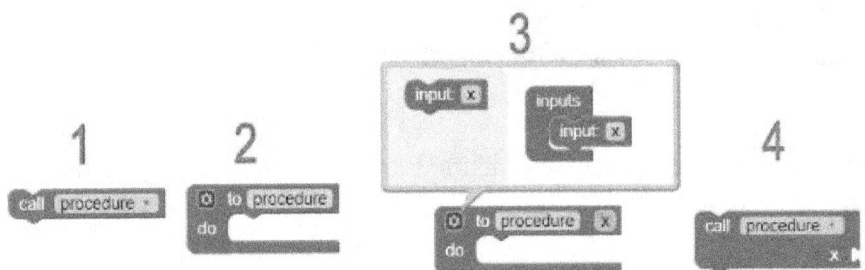

1. Blocco creato da App Inventor per chiamare la procedura
2. Procedure semplice
3. Click sull'icona ingranaggio, estrarre il blocco che permette alla procedura di ricevere argomenti (valori)
4. Blocco creato da App Inventor per chiamare la procedura inviando un argomento (valore).
   Il blocco 4 va inserito nella parte chiamante dove x conterrà il valore da inviare alla procedura.

-Procedura con valore di ritorno senza invio valore

1. Pulsante al cui click vanno in esecuzione i blocchi interni
   il blocco Etichetta.Testo ha incastrato la chiamata alla procedura.
2. Procedura dalla quale ritorna il risultato "**cambiato dalla procedura**"
   Il ritorno dalla procedura inserisce il testo "cambiato dalla procedura" nell'etichetta "Etichetta.Testo"

-Procedura con invio valore e valore di ritorno

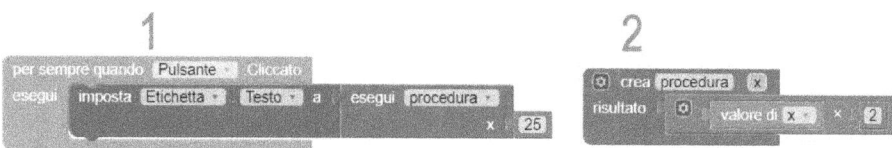

1. Pulsante al cui click vanno in esecuzione i blocchi interni
   Etichetta.Testo ha incastrato la chiamata alla procedura che invia il valore numerico 25 contenuto nella variabile x
2. Procedura dalla quale ritorna il risultato 50 come risultato della moltiplicazione per 2 del valore ricevuto.
   Al click sul pulsante il valore 50 sarà visibile in Etichetta.Testo

Blocchi: Liste

Le liste sono un insieme di elementi contraddistinti da un indice numerico mediante il quale vengono identificati all'interno della lista, il primo elemento ha indice 1, il secondo 2 e così via.

Una lista, al suo interno, può contenere altre liste.

In ambiente Blocchi è possibile creare liste, aggiungerne elementi, selezionargli, rimuoverli, conoscere la quantità degli elementi, il loro indice ecc.

Le Liste possono essere definite anche in ambiente Progettazione sotto la voce proprietà.

Qui l'elenco dei blocchi (in inglese) http://ai2.appinventor.mit.edu/reference/blocks/lists.html

di seguito, in italiano i blocchi/lista più importanti.

Creare una lista, aggiungere e rimuovere elementi

Una lista con zero elementi viene creata utilizzando il blocco "crea una lista vuota" (create empty list).

Crea una lista vuota nella variabile globale MiaLista

Una lista contenete elementi può essere creata utilizzando il blocco "crea lista" (make a list).

Crea una lista con 3 elementi nella variabile globale MiaLista, nell'esempio con le voci Mele, Pere, Arance.

Al click sul pulsante a ingranaggio si espande il blocco in modo da poter inserire elementi aggiuntivi.

Aggiungere nuovi elementi

Una volta che la lista è stata creata è possibile aggiungere nuovi elementi in coda alla lista utilizzando il blocco **"aggiungi elementi a una lista"** (add items to list).

A questo blocco deve essere associata una lista, in questo caso MiaLista e poi devono essere specificata la quantità degli elementi che si desidera aggiungere.

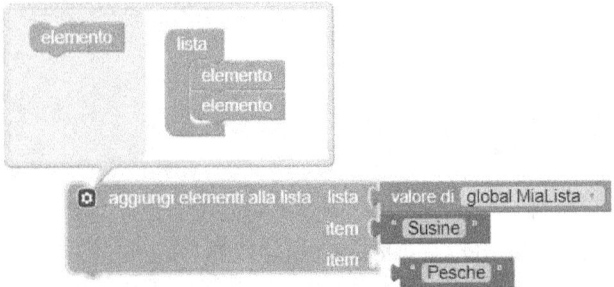

Per inserire un nuovo elemento in una posizione specifica è necessario usare il blocco "**inserisce un elemento in lista**" (insert list item) il quale consente di specificare la posizione (indice).

A questo blocco deve essere associata una lista, in questo caso **MiaLista**, deve essere specificata la **posizione**, in questo caso la terza (**3**) ed il nome **elemento**, in questo caso **Pesche**.

Rimuovere e rimpiazzare

Per rimuovere (eliminare) un elemento è necessario usare il blocco "**rimuovi un elemento dalla lista lista**" (remove list item) è necessario specificare la lista e la posizione (indice) dell'elemento.

In questo esempio rimuovere dalla lista **MiaLIsta** l'elemento in terza posizione (**3**).

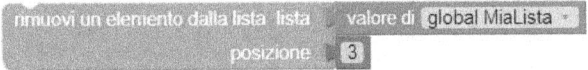

Rimpiazzare un elemento con un altro, è necessario il blocco "**rimpiazza un elemento nella lista lista**" (replace list item), è necessario indicare l'indice dell'elemento da sostituire ed il nuovo valore da inserire.

Nell'esempio alla lista **MiaLista** l'elemento in terza posizione (**3**) viene rimpiazzato con **Pesche**.

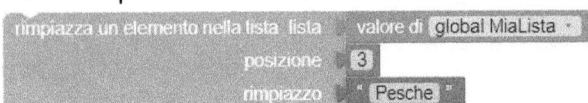

Verificare se una lista contiene uno specifico elemento

Per farlo si ricorre al blocco "**è nella lista? contenuto**" (is in list?)

Nell'esempio cerca **Susine** nella lista **MiaLista**.

Restituisce vero se esiste, in caso contrario restituisce false.

Se una lista contiene sotto liste, le voci delle sotto liste non sono considerati facenti parte della lista.

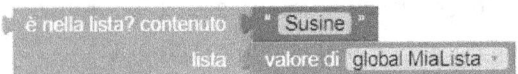

Selezionare un elemento da una lista

Per farlo è necessario il blocco "**seleziona un elemento dalla lista lista**" (select list item) associando a questo nome della lista e l'indice dell'elemento.

Nell'esempio alla lista **MiaLista** l'elemento in terza posizione (**3**).

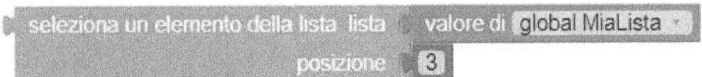

Estrarre/selezionare un elemento della lista in maniera casuale, occorre utilizzare il blocco "**scegli un elemento qualunque lista**" (pick a random item)

Nell'esempio dalla lista **MiaLista**

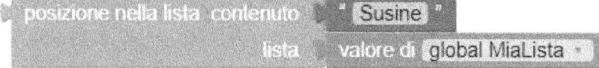

Conoscere l'indice di un elemento nella ista

La posizione di un elemento viene rilevata con il blocco "**posizione nella lista contenuto**" (index in list).

Nell'esempio viene cercata la voce **Susine** nella lista **MiaLista**, il risultato è la posizione **index** di **Susune**

Unire due liste

Con il blocco "**attacca alla lista 1**" (appendo to list1) è possibile unire due liste.

Nell'esempio la lista **ListaSecondaria** viene accodata alla lista **MiaLista**.

Verificare in una lista:

- se un elemento è in lista: è nella lista? contenuto (is a list?)
- se una lista è vuota: le lista è vuota? lista (is list empty?)
- quantità di elementi nella lista: lunghezza della lista lista (lengt of list)

Blocchi: Ditionaries

I ditionaries sono strutture di dati che associano un valore, chiamato chiave, a un altro valore.

Ad oggi (giu.2021) sono state implementate in App Inventor da poco tempo, a questo indirizzo:

http://ai2.appinventor.mit.edu/reference/blocks/dictionaries.html#dictionaries

le istruzioni, in lingua inglese, per il loro utilizzo.

Blocchi: Colori

I blocchi Colori sono formati da un piccolo quadrato colorato che rappresenta il colore.

Per utilizzare un colore assente fra quegli di default fare click all'interno di uno dei blocchi colore

comparirà una tavolozza contente colori e sfumature fra i quali scegliere.

- Codifica e personalizzazione dei colori

All'interno del dispositivo, come per ogni altro PC, I colori sono codificati come numeri, è quindi possibile "miscelarne" di personalizzati.

-RGB (notazione dei colori)

RGB è un modello di colori di tipo additivo, somma dei tre colori Rosso (Red), Verde (Green) e Blu (Blue), da cui appunto l'acronimo RGB, la somma dei tre colori costituisce il Bianco, e la loro totale assenza il Nero.

Per le sue caratteristiche il modello RGB è particolarmente idoneo alla visualizzazione di immagini su dispositivi elettronici, per questa ragione è usato sulla maggior parte dei dispositivi.

Tuttavia può accadere che, su dispositivi diversi, i colori della stessa immagine siano visualizzati in maniera leggermente differente essendo, questo modello, dipendente dal dispositivo in sé.
Ciò è imputabile ai materiali usati nella realizzazione degli schermi che variano da produttore a produttore.
Inoltre, col tempo, possono aversi differenze anche nello stesso dispositivo per il suo deterioramento.

Ogni numero RGB valido contiene l'indicazione della quantità di ciascuno dei tre colori RGB (Red=Rosso, Green=Verde, Blue=Blu).
Nel modello RGB la presenza di ciascun colore può variare da 0 (non presente) a 255 (massima presenza).
Per realizzare un colore personalizzato utilizzare il blocco "**crea colore**" (make color) ed una lista dove specificare i tre valori numerici (ciascuno fra 0 e 255) corrispondenti alla notazione RGB.

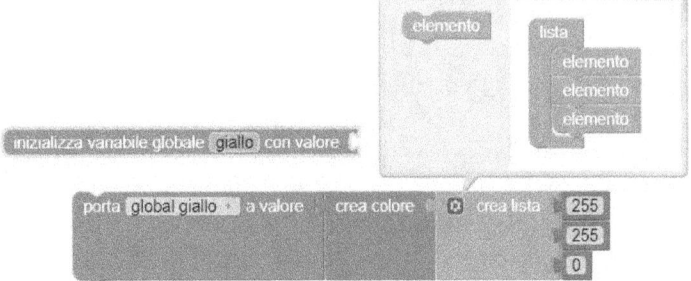

Alla lista è possibile aggiungere un quarto valore, fra 0 e 100, per l'opacità.
Valore 100 determina colore completamente opaco, 0 trasparente (il default è 100).
Sui colori è anche possibile eseguire l'operazione inversa rispetto a "**Crea colore**", per farlo è necessario il blocco "**componenti colore**" (split color).

Il blocco, dato un colore, restituisce una lista con i valori numerici della notazione RGB.

Eventi, metodi e proprietà

Con proprietà, metodi ed eventi vengono implementati i comportamenti (behaviors) dei componenti, pulsanti, cursori, sprite, eccetera.
In App Inventor avviene in maniera visuale utilizzando i blocchi.

-Eventi

In informatica un evento può essere un episodio originato

- da un componete (orologio, collisione di uno sprite, eccetera)
- dall'ambiente esterno (click su di un pulsante, digitazione sulla tastiera, eccetera)
- dal completamento di un'attività rilevabile dal sistema.

Gli eventi possono essere riconosciuti e gestiti da software opportunamente programmato.
Il software può avere più zone dedicate all'individuazione degli eventi ed a loro volta collegate a porzioni di codice per la loro gestione (metodi).
App Inventor dispone di una propria serie di eventi, spesso diversi per ciascun componente.

-Metodi

Come ogni componente dispone propri eventi associati, allo stesso modo possiede metodi e proprietà.
Con il temine "metodo" è intesa un'azione che può essere compiuta come conseguenza di un evento.
Alcuni metodi, per essere eseguiti, necessitano di uno o più parametri, in mancanza di questi, molti componenti hanno ed utilizzano valori predefiniti.
Questo procedimento è utile nell'evitare la generazione di errori.

-Proprietà

Col termine "proprietà" sono intese le caratteristiche dei componenti come ad es. il colore di un pulsante.
I componenti hanno proprietà di default, ma queste proprietà possono essere modificate in ambiente "Progettazione " oppure in ambiente "Blocchi" con l'impiego di "metodi".

App_Eventi_metodi_proprieta

L'App, della quale è possibile fare il download, è composta da due Componenti: Pulsante e SintesiVocale.
Pulsante, ha la facoltà di individuare i click dell'utente ed il suo aspetto può essere modificato.
SintesiVocale, pronuncia del testo ad alta voce, è possibile impostare il tono e la velocità della parola.

Vista del Pulsante in azione in ambiente Blocchi.

1. Pulsante, quando l'utente fa click sul pulsante scatena l'**evento** mandando in esecuzione i blocchi interni.
2. SintesiVocale.VelocitàParlato, **metodo** che determina la velocità con la quale viene pronunciato il testo.
3. SintesiVocale.PronunciaTesto, **metodo** che permette di proferire il testo rilevato dal blocco testo contenete il messaggio "Hai fatto click sul pulsante".
4. Pulsante.ColoreSfondo, cambia la **proprietà** colore di sfondo del pulsante

Notare l'utilizzo di un parametro per il metodo VelocitàParlato(2) posto a 0.5, in mancanza di questo sarebbe utilizzata la velocità di default.

Quando all'interno di un medesimo evento, in questo caso un pulsante, vengono racchiuse più azioni esse vengono eseguite dall'alto verso il basso.
Ciò può assumere particolare rilevanza come in questo esempio dove VelocitàParlato(2) posto a 0.5, deve trovarsi prima di SintesiVocale.PronunciaTesto(3) altrimenti il parametro non sarebbe acquisito prima della pronuncia del testo.

Impaginazione (Layout)

I componenti disponibili nella sezione impaginazione, non dispongono di Eventi e Metodi, ma sono adibiti alla costruzione del layout e quindi l'interfaccia del dispositivo durante l'esecuzione della App.
Trascinando questi componenti nel Visualizzatore è possibile costruire griglie fisse e scorrevoli all'interno delle quali posizionare i componenti visibili.

-DisposizioneOrizzontale

Elemento nel quale i componenti vengono posizionarti orizzontalmente da sinistra verso destra.
Se lo spazio è disponibile, possono essere posizionati al centro o su uno dei lati.

-HorizontalScrollArrangement

Elemento nel quale i componenti vengono posizionarti orizzontalmente da sinistra verso destra.
Nel caso dimensioni o quantità dei componenti superino la larghezza del display, l'utente potrà scorrerli in modo da poterli vedere ed utilizzare tutti.

-DisposizioneVerticale

Elemento nel quale collocare componenti da visualizzare uno sotto l'altro in senso verticale.

-VerticalScrollArrangement

Elemento nel quale collocare componenti da visualizzare uno sotto l'altro in senso verticale.
Nel caso dimensioni o quantità dei componenti superino l'altezza del display, l'utente potrà scorrerli in modo da poterli vedere ed utilizzare tutti.

-DisposizioneTabella

Formattazione tabellare in Righe e colonne che devono essere definite nella sezione Proprietà.
A seconda della loro funzione possono gestire il contenuto in vari modi, i principali sono:

- **Allinea Orizzontale** e **Allineaverticale**, numero che codifica il modo in cui i contenuti sono allineato. Le scelte sono: 1 = allineato in alto, 2 = allineato in basso, 3 = centrato verticalmente. L'allineamento non ha effetto se viene la selezione è su Automatico.

- **ColoreSfondo** (Backgroundcolor), Specifica il colore di sfondo. Se è stata impostata un'immagine il colore non sarà visibile fino a quando l'immagine non verrà rimossa.
- **Immagine**, Specifica l'immagine di sfondo
- **Altezza**, misurata in pixel.
- **AltezzaPercento**, Specifica l'altezza in percentuale del display
- **Visibile**, Specifica se l'oggetto deve essere visibile sullo schermo In ambiente blocchi visibile se Vero e False se nascosto.
- **Larghezza**, Specifica la larghezza in pixel.
- **LarghezzaPercento**, Specifica la larghezza in percentuale del display
- **Colonne**, Determina il numero di colonne nella tabella.
- **Righe**, Determina il numero di righe nella tabella.

Componenti di base

Ora che menù e ambienti di lavoro sono stati descritti assembliamo la prima App che servirà a tre scopi:

- Prendere confidenza con quanto esposto fino adesso.
- Conoscere il Componente Button.
- Esaminare come testare le App ed esportarle sul PC in locale.

Pulsante (Button)

Componente più utilizzato e semplice da manipolare, premuto dagli utenti genera l'evento click.
L'evento, intercettato dal codice, permette di mandare in esecuzione una qualche azione.
L'aspetto dei pulsanti può essere cambiato sia in ambiente Progettazione che ambiente Blocchi.
Nell'esempio **prog_01Pulsante**, verrà progettato un pulsante con sopra scritto "Testo per Pulsante1" di colore nero (testo e colore come di default).
All'evento click (del pulsante) il testo si colorerà di rosso, cambiando il contenuto testuale.
La App viene poi esportata su PC locale come file aia (codice sorgente) e apk (esecutivo Android).

Le manovre descritte sono valide per tutti i software scritti con App Inventor 2.

app_01Pulsante/progettazione

Fare click sul menù Progetti e dal sotto menù selezionare "Avvio nuovo progetto ...", si aprirà una finestra dove scrivere il nome del progetto, **prog_01Pulsante** e fare click su OK.
Si aprirà l'ambiente Progettazione, i componenti si trovano nella sezione "Componenti Disponibili" e il componente Pulsante nella sottosezione "Interfaccia utente" (1), da qui trascinare nel Visualizzatore centrale (2) i componenti necessari.
Il componente viene disposto con layout minimale, modificare le proprietà di default del Pulsante (3).

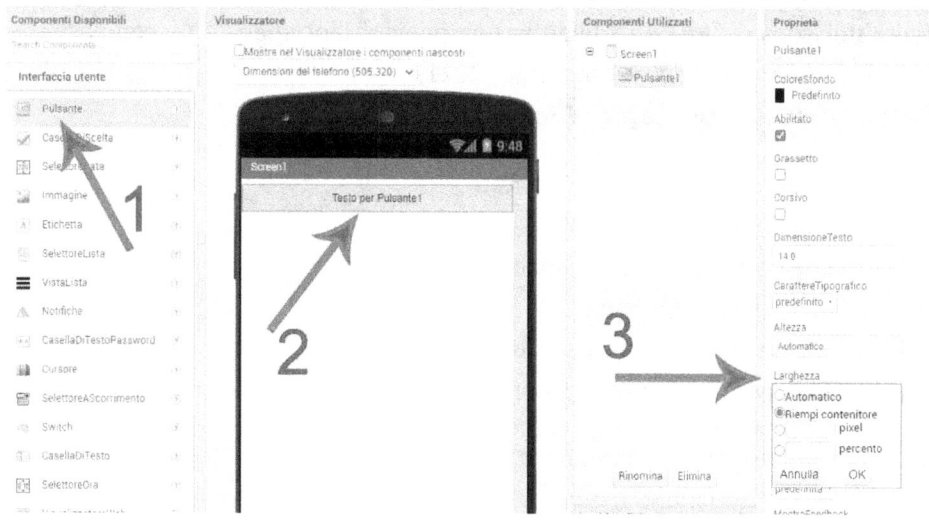

app_01Pulsante/blocchi

Una volta terminato il layout passare all'ambiente Blocchi facendo click sull'omonimo pulsante.
Qui trascinare i blocchi necessari dal menù a sinistra sull'area di lavoro ed incastrarli fra loro.
Su ciascun blocco sono visibili parole che descrivono ciò che il blocco è stato progettato a fare.
Assemblando i blocchi le parole formano frasi di senso compiuto descrivendo l'azione.

Fare click sull'icona **Pulsante1** (1) che identifica il Pulsante1 dell'ambiente Progettazione.

Dal menù che si apre, trascinare nel Visualizzatore centrale il blocco:

"**per sempre quando Pulsante1.cliccato**" (2).

Questo è il blocco che intercetta l'evento click per il componente **Pulsante1**.

Dallo stesso menù trascinare all'interno del blocco **Pulsante1** i blocchi

- Pulsante1.ColoreTesto (3),
  dal menù Colori prelevare il blocco del Rosso inserendolo in Pulsante1.ColoreTesto(4)
- Pulsante1.Testo (5),
  dal menù Testo prelevare il blocco testo vuoto scrivendo al suo interno la frase "Ciao mondo, questa è la mia prima applicazione per Android" ed incastrarlo nel blocco Pulsante1.Testo(6)

App Inventor ha scritto, di sottofondo, il codice java per il funzionamento dell'App su dispositivo Android.

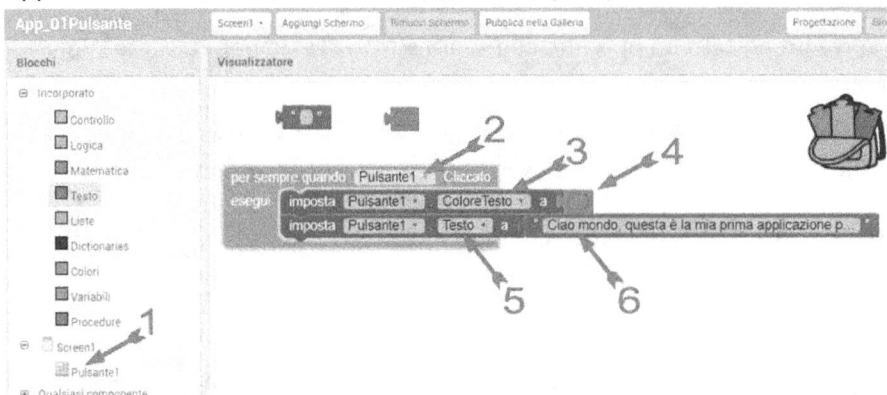

app_01Pulsante/verificare il funzionamento

A questo punto occorre verificare il funzionamento della App **prog_01Pulsante**.

Nel capitolo "Configurazioni", paragrafo "Configurare dispositivo per i test delle app" è descritto come installare l'App "MIT App Inventor Companion" per testare le App, è giunto il momento di utilizzarla.

Sul dispositivo Android, fare click sull'icona di "MIT App Inventor Companion" lanciando l'App, comparirà una videata con varie voci fra le quali "scanQR code" al momento (2021) su sfondo celeste.

Può essere necessario fare click sulla casella "Use Legacy Connection".

Dal menù orizzontale di App Inventor fare click sulla voce "Connetti",

dal menù che si apre selezionare la voce "AI Companion".

Si aprirà una finestra contenete un codice a barre di forma quadrata.

Sul dispositivo Android fare click sulla voce "scanQR code,

rivolgere il sensore verso il monitor sulla finestra contente il codice a barre.

Sul monitor apparirà una barra di avanzamento, al termine l'App si avvierà sul dispositivo per i test.

Con l'App **prog_01Pulsante** avviata il pulsante conterrà il titolo "Testo per Pulsante1".

Al click su esso apparirà, in rosso, la frase "Ciao mondo, questa è la mia prima applicazione per Android".

Superato il test, esportiamo la App su PC locale come file aia(codice sorgente) e apk(esecutivo Android).

app_01Pulsante/Esportare file aia

Dal menù orizzontale di App Inventor fare click sulla voce "Progetti" e quindi

dalla tendina che si apre selezionare "Esporta il progetto selezionato (.aia) nel mio computer".

Prevista è anche la possibilità di esportare in blocco tutti i progetti del proprio account.

Da questo menù è possibile selezionare "Importa progetto (.aia) dal mio computer..." voce auto esplicativa.

app_01Pulsante/Esportare file apk

Dal menù orizzontale di App Inventor fare click sulla voce Compila,

dal menù che si apre selezionare la voce "App (salva il file .apk sul mio computer)".

Sul monitor sarà visibile una barra di avanzamento al cui termine si aprirà una finestra contenete il file apk da salvare su PC locale.

Etichetta e Casella di testo, usare le Procedure

Le proprietà dei componenti Etichetta e CasellaDiTesto sono gestibili in ambiente Progettazione e Blocchi.

- **Componente Etichetta**
  Viene utilizzato per visualizzare testo o numeri specificati nella proprietà Testo.
- **Componente CasellaDiTesto**
  Viene utilizzato per acquisire caratteri (lettere e numeri) che l'utente inserisce da tastiera.

Il componente CasellaDiTesto dispone di proprietà specifiche

- **Suggerimento**: quando CasellaDiTesto è vuota può essere fatto comparire un suggerimento testuale attinente a ciò che può essere scritto.
  Il suggerimento viene visualizzato come testo sbiadito.
- **CasellaDiTesto** può essere a **linea singola o multipla** (proprietà Multilinea).
  Quando il cursore si trova all'interno del componente CasellaDiTesto compare una testiera virtuale.
  - o Essenziale un Pulsante da premere quando finito di digitare.
    Per far scomparire la tastiera deve essere utilizzato, da programmazione, il comando **NascondiTastiera**
  - o **SoloNumeri**: abilitando questa proprietà la CasellaDiTesto accetta solo numeri.

App_02Etichetta_e_CasellaDiTesto

L'App calcola la lunghezza di un Cateto oppure dell'Ipotenusa di un triangolo rettangolo.

Con due componenti CasellaDiTesto di nome ctA e ctB accetta due valori numerici

All'evento click sul pulsante pulIpotenusa oppure pulCateto viene chiamata la procedura per il calcolo.

Il risultato viene mostrato sul display all'interno dall'Etichetta etRisultNUM.

Per il calcolo è invocata una Procedura alla quale (al click del pulsante) le viene passato un parametro identificativo del tipo di calcolo da fare.

Se il valore passato è 1 viene calcolata l'Ipotenusa, se il valore è 2 verrà fatto il calcolo per il cateto.

All'interno della procedura, discriminando con blocchi di Controllo Se ... Allora ... Altrimenti,

viene mandata in esecuzione la parte di codice necessaria al calcolo richiesto.

Per il calcolo del cateto, il valore maggiore fra i 2 numeri letti in ctA e ctB, è logicamente l'ipotenusa.

Un pulsante Reset, all'evento click riporta l'App allo stato iniziale.

In questa App mancano verifiche dei valori che devono essere superiori a zero e,

nel calcolo del cateto valori (cateto e ipotenusa) non devono essere uguali.

Questa parte non è stata implementata perché l'App vuole mostrare il funzionamento dei componenti **Etichetta, CasellaDiTesto** e **procedure** senza rendere l'esempio complicato.

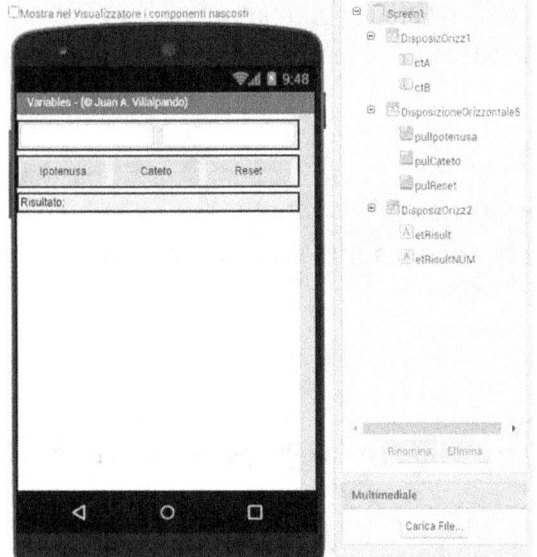

Disposizione degli elementi nel visualizzatore e loro nomi nella sezione Componenti Utilizzati.
Una volta scaricata l'App facendo click su ciascuno dei componenti, nella sezione Proprietà potranno essere lette quelle di ciascun componente.

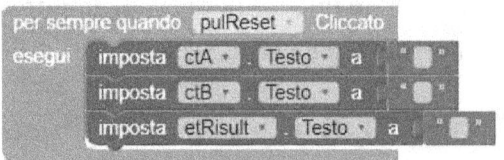

Pulsante Reset, vuota i componenti

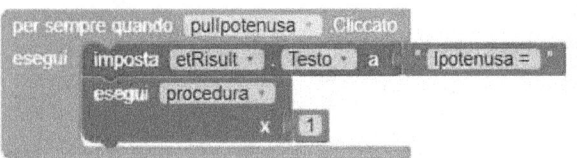

Pulsanti che lanciano il calcolo.
Entrambi collocano nell'Etichetta etResult il nome del risultato e quindi inviano il valore numerico alla procedura (1 per l'Ipotenusa e 2 per il cateto) per imporre quale tipo di calcolo eseguire.

Creare la Procedura dove all'interno vengono eseguiti i calcoli

In ambiente Blocchi, sezione procedure, trascinare nel Visualizzatore la procedura Crea/Esegui (1).
Nella Procedura, fare click sul pulsante a forma di ingranaggio appariranno due blocchi, "argomento x" e "argomenti", incastrare "argomento x" dentro "argomenti" (2).

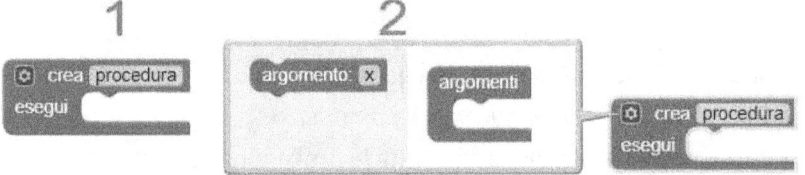

Alla procedura viene aggiunta una variabile "x", essa conterrà il valore in arrivo dalle chiamate (3).
Facendo di nuovo click sulla sezione procedure sarà visibile un nuovo blocco "procedura" (4).
Questo blocco dovrà essere incastrato nel blocco chiamante la procedura Pulsante1 (5),
nell'incavo di "esegui procedura" incastrare un blocco numerico contenente il valore da passare alla procedura, in questo esempio valore = 1.

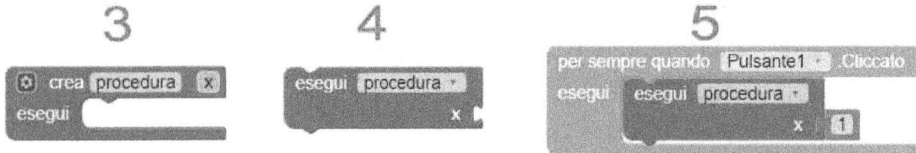

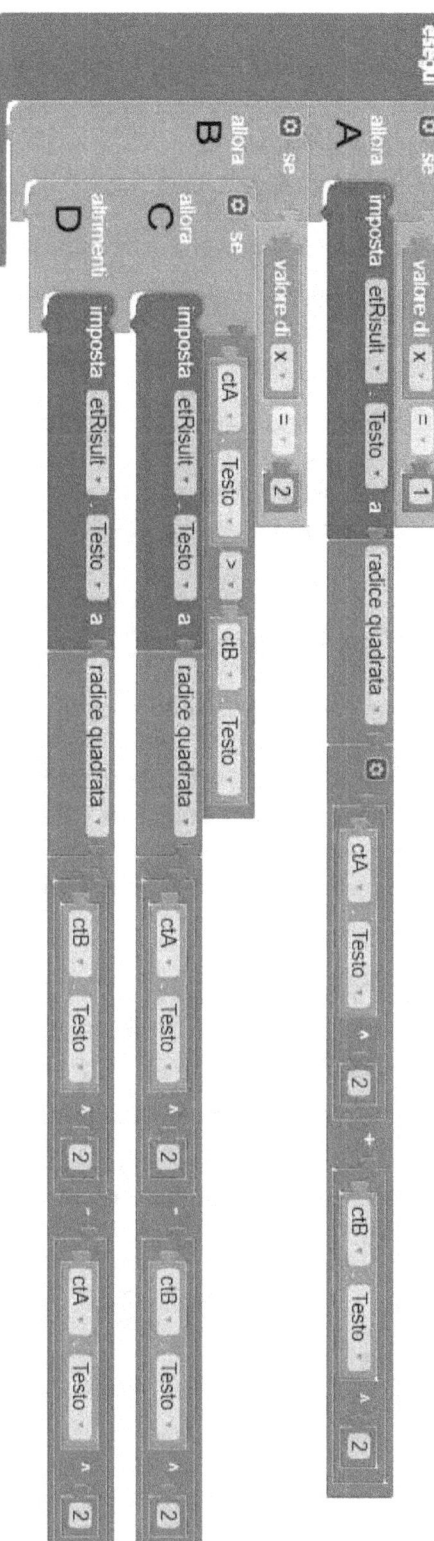

Procedura nella quale vengono effettuati i calcoli.
In x di procedura arriva il valore numerico per il tipo di calcolo da eseguire,
1 per Ipotenusa, 2 per il Cateto.

Viene testato il valore di arrivo nel caso il valore sia 1 viene eseguito il codice all'interno del primo gruppo **se ... allora** (A).

Viene letto il contenuto di CasellaDiTesto ctA e ctB eseguita l'elevazione al quadrato di entrambi, sommati i risultati e di questi calcolato la radice quadrata.
Il risultato inserito nell'Etichetta etRisult

Nel caso il valore sia 2 viene eseguito il codice all'interno del secondo gruppo **se ... allora** (B) ed a sua volta il blocco **se ... allora ... altrimenti**.

In allora viene fatto il calcolo se ctA è maggiore di ctB, quindi l'ipotenusa è ctA. (C)
In altrimenti viene fatto il calcolo se ctB è maggiore di ctA quindi l'ipotenusa è ctB. (D)

Il risultato inserito nell'Etichetta etRisult

CasellaDiScelta (CheckBox)

Componente mediante il quale l'utente può compiere selezioni singole o multiple.
Le CasellaDiScelta sono mostrate sul display come quadrati a fondo bianco (con segno di spunta se selezionate), e solitamente a fianco una breve descrizione dell'opzione.

Per invertirne lo stato (selezionato/non selezionato) basta fare click su di esse.
Collocando due o più CasellaDiScelta possono essere programmate opzioni singole o multiple.

- Nel caso di selezione singola, al momento della selezione inizia l'azione descritta.
- Nel caso di selezione multipla al cambio di stato di una CasellaDiScelta non accade nulla.
  Le CasellaDiScelta sono solitamente abbinate ad un pulsante al cui click si avvia l'azione.
  Altra possibilità, senza uso del pulsante, è fare avviare l'azione quando la combinazione delle scelte fatte
  (CasellaDiScelta selezionate) è quella prevista in programmazione.

App_03CasellaDiScelta

In questa App l'azione che segue alle selezioni è un messaggio relativo alle CasellaDiScelta selezionate.
In una applicazione articolata può essere qualsiasi azione eseguibile sullo smartphone.

Le 2 CasellaDiScelta (A - B) in alto sono a scelta singola, in altre parole si escludono fra loro.

Le 3 CasellaDiScelta in basso(C-D-E) sono a scelta multipla.
L'Etichetta etRisultato (F) mette a video il risultato per la scelta multipla quando premuto il pulsante (G)

Occorre premete il pulsante Ok Scelte (G) per vedere il risultato sul display.

A click su di una CasellaDiScelta questa inverte sempre il suo stato senza influenzare le altre.

Blocchi per CasellaDiScelta singola
CasellaDiScelta1 e CasellaDiScelta2 (A-B), sono a scelta singola, non possono essere entrambi selezionati allo stesso tempo. Facendo click sul deselezionato si invertono.
Può essere utilizzato per la scelta fra 2 o più alternative che si escludono vicendevolmente, nell'esempio sono stati programmati nel togliersi reciprocamente la spunta (ponendo su falso quella dell'altro).

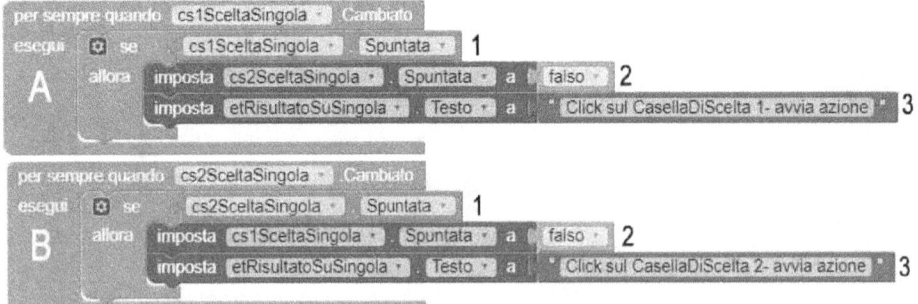

Se CasellaDiScelta (1) è spuntata, allora spunta questa CasellaDiScelta ed esegue i blocchi successivi
Leva la spunta all'altra CasellaDiScelta (2)
Cambia il contenuto dell'Etichetta (H) per la scelta fatta, ma potrebbe avviarsi una qualsiasi altra azione.

Blocchi per CasellaDiScelta multipla
Nell'App sono implementate 3 CasellaDiScelta, csScelta1 (C), csScelta2 (D), csScelta3 (E) il cui nome in ambiente Progettazione e quindi visibile agli utenti è Scelta1 (C), Scelta2 (D) e Scelta3 (E).
All'evento click del pulsante "puOkScelta" (G), intercettato dal codice dell'App, va in esecuzione ciò che il

programmatore ha implementato per la combinazione dei componenti CasellaDiScelta selezionato.

Il risultato, mostrato nell'Etichetta etRisultato (F), è il testo della combinazione dei selezionati.

Al click le CasellaDiScelta invertono ciascuna il loro stato, nella programmazione a scelta multipla non è necessario conoscerlo ma solo leggerlo quando viene lanciata l'azione con il click sul pulsante.

In questa App tutta l'azione si svolge all'evento click sul pulsante puOKScelte (G).

Ad ogni evento click del pulsante puOKScelte (G) vengono create 3 variabili locali (cs1 - cs2 - cs3) dal contenuto testuale vuoto.

Subito dopo iniziano i controlli con i blocchi se...allora.

Se il risultato del test in (1a – 2a – 3a) è positivo cioè CasellaDiScelta è selezionata, le variabili csScelta1 (1b) – csScelta2 (2b) – csScelta3 (3b) riceveranno il nome/etichetta della CasellaDiScelta.

Il nome farà parte del messaggio/risultato all'interno dell'Etichetta etRisultato (F).

Concisamente i test dei tre blocchi **se...allora** sono:

- **se...allora (1)** verifica se CasellaDiScelta csScelta1(C) è spuntata (1a)
  se l'esito è positivo la variabile con nome cs1 acquisisce il valore "cs1" (1b).
- **se...allora (2)** verifica se CasellaDiScelta csScelta2(D) è spuntata (2a)
  se l'esito è positivo la variabile con nome cs2 acquisisce il valore "cs2" (2b).
- **se...allora (3)** verifica se CasellaDiScelta csScelta2(D) è spuntata (3a)
  se l'esito è positivo la variabile con nome cs3 acquisisce il valore "cs3" (3b).

Il risultato va nel blocco etRisultato (F), le variabili vengono unite usando il blocco testo "unione" (4).

Da rilevare il simbolo \n nell'ultimo blocco che manda il testo a capo su nuova riga.

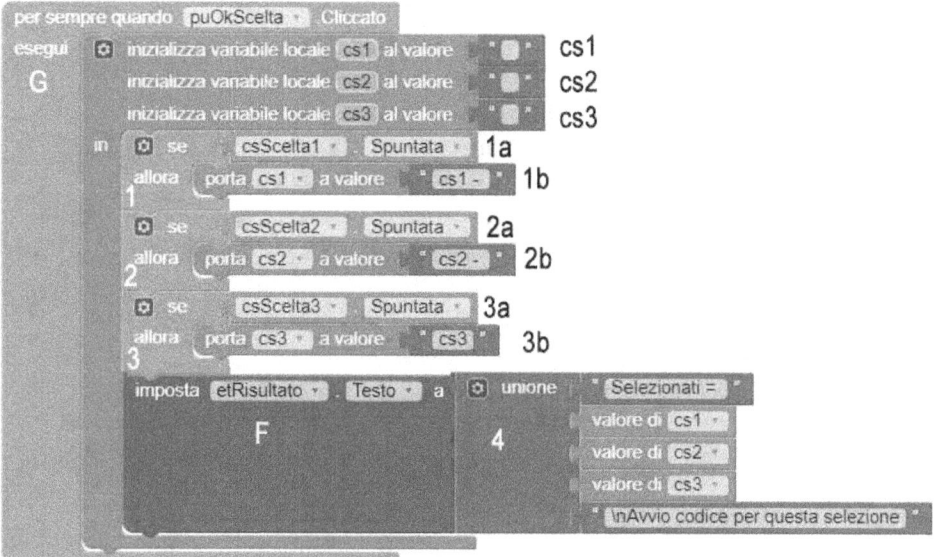

SelettoreLista (ListPicker)

SelettoreLista è un pulsante che all'evento click mostra una lista dalla è possibile scegliere un elemento.

Ogni elemento è identificato da un ID numerico (indice) il cui valore iniziale è 1.

Gli elementi della lista possono essere specificati sia in ambiente Progettazione che Blocchi.

In ambiente Progettazione occorre impostare la proprietà ElementiDaStringa dove gli elementi devono essere separati da virgola, ad es.: Mele, Pere, pere (il sistema distingue fra maiuscole e minuscole).

App_04GestioneListe

Per creare una lista in ambiente Progettazione basta selezionare l'icona SelettoreLista fra i Componenti utilizzati ed inserire i nomi degli elementi, separati da virgola, nel contenitore Proprietà/ElementiDaStringa.

La creazione di liste in ambiente Blocchi è più articolata consentendo però funzionalità più ampie.

Dall'ambiente blocchi è possibile manipolare anche le liste create in ambiente Progettazione.

L'App mostra come creare e gestire liste in ambiente Blocchi cioè:

- Creare una lista vuota
- Popolarla con una lista di voci
- Aggiungere voci singole a lista esistente
- Controllare se nella lista esiste una determinate voce mostrandone il suo ID
- Modificare una voce sostituendola con un'altra allo stesso ID
- Eliminare una voce conoscendone il suo ID
- Aggiungere una lista ad un'altra lista accodandola

1) Pulsante che crea la lista
2) SelettoreLista1, al click visualizza la lista
3) Pulsante per aggiungere nuova voce (4) alla lista
4) Qui (ctAggiungeItem) digitare il testo della voce da aggiungere
5) Cerca una voce nella lista
6) Qui digitare il testo della voce da cercare
7a) Se esiste, qui apparirà l'ID della voce. Lo stesso ID comparirà anche nella Etichetta (7b).
8) Se in (7a) l'ID è stato trovato, qui può essere digitata una voce di testo che sostituirà quella presente in (6)
9) Pulsante che compie la sostituzione
10) Pulsante che popola una seconda lista
11) Pulsante accoda la Lista2 alla Lista1
12) Pulsante che elimina la voce il cui ID è in 7b
13) Solo effetto estetico e per delucidazioni

I numeri posti su alcuni blocchi si riferiscono agli stessi numeri sul visualizzatore.

Vengono dichiarate 2 variabili lista vuota, Lista1 (A) e Lista2 (B) incastrando il blocco "crea lista" (X).

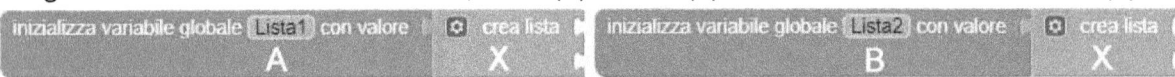

Il pulsante "puPopolaLista1" (1), all'evento click, popola Lista1.

Blocco "aggiungi elementi alla lista lista" (W), alla voce lista incastra il nome della lista (A), negli item i nomi della lista (Juventus, Fiorentina, Roma) utilizzando blocchi testo (C).

SelettoreLista.Elementi (2) accoglie gli elementi della Lista1 per quando saranno visualizzati sul display.

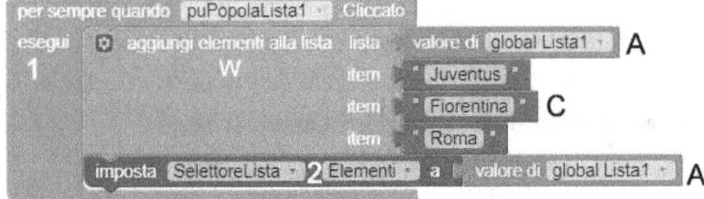

Pulsante "puAggiungeVoce" (3), all'evento click aggiunge una voce alla Lista1 (A).

Operazione fatta usando il blocco "aggiungi elementi alla lista lista"(K), estratto da blocchi liste.

Il testo da aggiungere è letto dall'elemento ctAggiungeItem(4) digitato dall'utente.

Con il blocco ctAggiungeItem.NascondiTastiera viene nascosta la tastiera virtuale (T)

Il contenuto di ctAggiungeItem (4) digitato dall'utente viene eliminato.

SelettoreLista.Elementi (2) accoglie la nuova Voce in Lista1 (A).

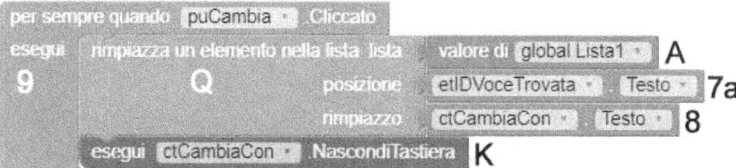

Pulsante "puVoceInLista" (5), su evento click, cerca Voce in Lista1 (A).

Vuota Etichetta "etIDVoce" (7b) e "non c'è" in Etichetta "etIDVoceTrovata" (7a)

Esegue il blocco se ... allora (F) per cercare la voce nella lista.

Inserisce in "è nellalista? contenuto" (R), il testo da cecare da "ctVoceInLista" (6).

Assegna blocco "è nellalista? contenuto" (R) il nome della lista, Lista1 (A).

Il blocco "posizione nella lista contenuto" (S) effettua la ricerca in Lista1(A)

Se la ricerca ha avuto esito positivo, allora (F), inserisce il risultato nell'Etichetta etIDVoceTrovata.Testo (7b)

Il contenuto dell'Etichetta etIDVoceTrovata.testo (7b) viene inserito anche in etIDVoce.Testo (7a).

In etIDVoce (7a) viene utilizzato il blocco testo unione per migliorare la risposta posponendo "ID voce =".

In ultimo viene nascosta la tastiera virtuale (K).

Pulsante "puCambia" (9), su evento click, sostituisce una voce in Lista1(A)

La voce da sostituire si trova in etIDVoceTrovata.Testo (7a).

In ctCambiaCon.Testo(8) deve essere stato digitato il testo che sostituirà quello in Lista1(A).

Operazione fatta con il blocco "rimpiazza un elemento nella lista lista" (Q) dove agli incastri:

- posizione: inserire il blocco che contiene l'ID, etIDVoceTrovata.Testo (7A)
- rimpiazzo: inserire ctCambiaCon.Testo (8), contenente il testo che sostituirà l'esistente.

In ultimo viene nascosta la tastiera virtuale (K).

Pulsante "puElimina" (12), su evento click, elimina una voce in Lista1(A).

Per eliminare la voce utilizza il blocco "rimuovi un elemento dalla lista lista lista" (P) dove vengono inseriti, all'incastro lista, il nome della lista, Lista1 (A) e all'incastro posizione l'ID la posizione della voce da cancellare che si trova in etIDVoceTrovata.Testo (7b).

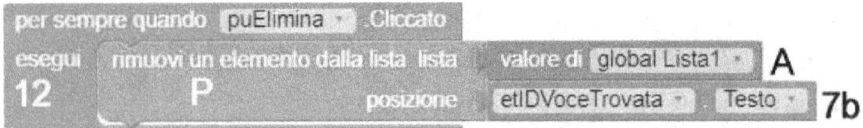

Pulsante "puPopolaLista2" (10), su evento click, popola Lista2 (B).

Analogo "puPopolaLista1" (1), compie stessa operazione, con nuove voci su Lista2(B).

Blocco "aggiungi elementi alla lista lista" (W), alla voce lista incastra il nome della lista (B), negli item i nomi della lista (Torino, Genova, Perugia) utilizzando blocchi testo (E).

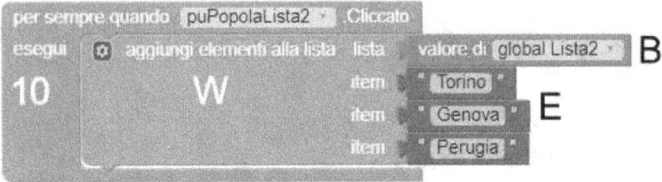

Pulsante "puAppendeLista2" (11), su evento click, accoda Lista2 (B) a Lista1 (A)

Per l'accodamento viene utilizzando il blocco "attacca alla lista1" (E) dove agli attacchi:

- lista1: deve essere inserita la lista le cui voci compariranno per prime
- lista2: deve essere inserita la lista le cui voci saranno accodate alla lista inserita in lista1

Infine SelettoreLista.Elementi (2) accoglie gli elementi della Lista1(A) contiene anche le voci della lista 2.

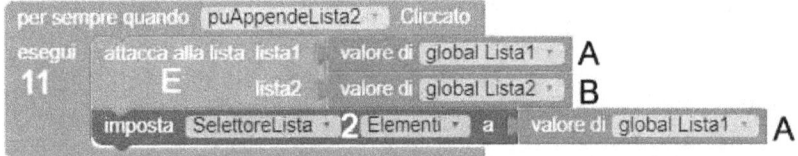

App_05Liste_con_voci duplicate

Programmando con liste può essere necessario sapere dell'esistenza di voci duplicate.

L'App contiene una lista nomi di frutti, lista verificabile al click sul pulsante Lista frutta.

Digitando un NOME dentro una CasellaDiTesto, al click sul pulsante "Trova duplicati" il sistema mostrerà quantità di occorrenze per quel NOME e posizione ID di ciascun NOME duplicato.

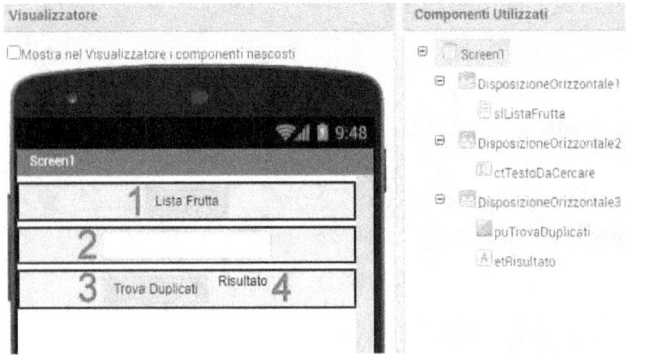

1) Pulsante per visualizzare il contenuto lista
2) CasellaDiTesto qui occorre digitare il testo allo scopo di verificarne la duplicazione.
3) Pulsante che all'evento click lancia la verifica nella lista.
4) Etichetta che conterrà il risultato della ricerca duplicati.
Il sistema fa distinzione fra lettere maiuscole e minuscole.

Viene dichiarata una variabile globale ListaFrutta(A) come lista con il blocco "crea lista" (B)

Con Screen1.inizializza (C), ListaFrutta viene popolata usando il blocco "aggiungi elementi alla lista lista" (E).

Alla voce "lista" viene incastrato il nome della lista (A),

utilizzando blocchi testo (T) negli "item" successivi vengono inseriti i nomi degli elementi che compongono le voci della lista (Mela, Pera, Susina, Mela, Pera, Banana).

SelettoreLista.Elementi (2) accoglie gli elementi della Lista1 per quando saranno visualizzati sul display.

slListaFrutta.Elementi (1) accoglie gli elementi di ListaFrutta per visualizzarli sul display

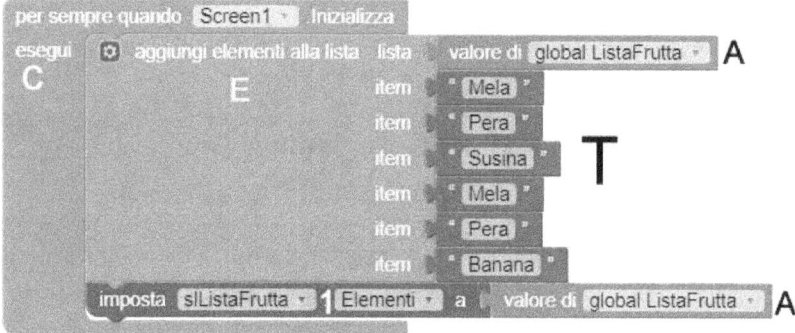

Pulsante "puTrovaDuplicati.cliccato"(3), su evento click effettua la verifica.

Inizializzata a zero la variabile locale OccorrenzeTrovate (D), memorizzerà la quantità delle occorrenze.

Etichetta etRisultato.Testo(4a) mostra il risultato della ricerca duplicati mediante blocco Testo unione(U).

Blocco ctTestoDaCercare.Testo (2) deve contenere il testo per il quale verificare se duplicato.

Inizia la ricerca duplicati scorrendo tutte le voci della lista (A),

"per ogni ContatoreLista(E) da" 1, a "lunghezza della lista"(A), a salti di 1, cioè tutte le voci della lista.

Confronta voce in ctTestoDaCercare.Testo(2) con la voce corrente in lista ListaFrutta(A), contatoreLista(E)

se il testo cercato è uguale all'elemento corrente (C) esegui "allora"(D).

In "allora"(D) somma il risultato in etRisultato.Testo(4b) e aggiungi 1 nella variabile OccorrenzeTrovate (D)

Terminato il loop(A), mostra il risultato in etRisultato.Testo(4c)

Nascondi la tastiera virtuale(K)

SelettoreAScorrimento (Spinner)

Componente che permette di visualizzare una lista di elementi fra i quali scegliere.

La lista degli elementi possono essere impostati in ambiente Progettazione o Blocchi.

Versione semplificata del componente SelettoreLista, in ambiente Progettazione gli elementi dell'elenco devono essere inseriti in proprietà ElementiDaStringa separati da virgola (Voce1, Voce 2, Voce 3) ed in ambiente Blocchi impostando la proprietà Elementi ad una lista.

App_06SelettoreAScorrimento

L'App mostra come sia possibile, usando componenti diversi (CasellaDiScelta, SelettoreAScorrimento e SelettoreLista) sia possibile ottenere risultati analoghi.

1) Componete Immagine, conterrà l'immagine selezionata fra banana, pera, uva
2) CasellaDiScelta: banana
3) CasellaDiScelta: pera
4) CasellaDiScelta: uva
5) SelettoreAScorrimento
6) SelettoreLista
7) Immagini di banana, pera, uva caricate nella App

Nell'App, in Multimediale (7), vengono caricate tre immagini di frutti: banana.jpg, pera.jpg e uva.jpg.
In ambiente Blocchi viene definita una lista Frutta ed assegnata ai SelettoreAScorrimento.Elementi e SelettoreLista.Elementi dei rispettivi componenti SelettoreAScorrimento e SelettoreLista.
Alla selezione di un frutto l'immagine corrispondente appare nel componente Immagine.
Per rendere l'analogia evidente, il cambio immagine è fatto all'interno della stessa procedura FruttaScelta.

Viene creata lista Frutta(A) con le voci banana.jpg, pera.jpg e uva.jpg utilizzando blocchi testo contenti i nomi delle immagini, nomi identici a quegli dei file grafici caricati in Multimediale(7).

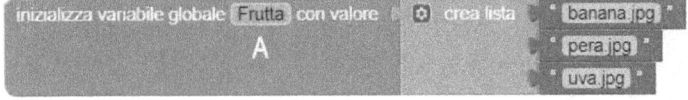

Scrren1.inizializza(B) va in esecuzione all'avvio dell'App.
Assegna al SelettoreASCorrimento.Elementi (5a) le voci in lista Frutta(A).
Assegna al SelettoreLista.Elementi (6a) le voci in lista Frutta(A)
Sul SelettoreASCorrimento.Richiesta(5b) crea il titolo "Seleziona elemento" usando un blocco Testo.

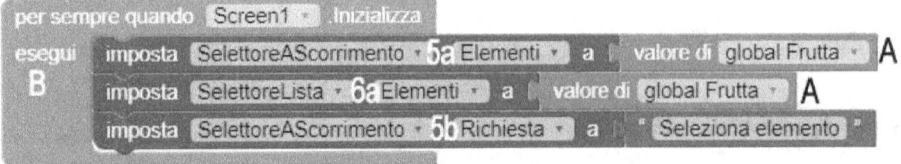

SelettoreAScorrimento.DopoSelezione(5), dalla lista Frutta(A) viene scelto un elemento (il suo indice) con SelettoreAScorrimento (5c) e assegnato al blocco esegui.FruttaScelta(P)
Il blocco esegui.FruttaScelta(P) invoca la procedura FruttaScelta passandole in **X** il valore scelto.

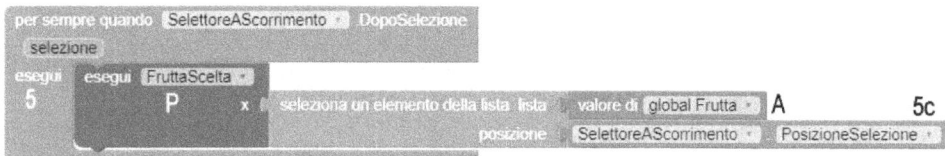

SelettoreLista.TerminataSelezione (6), dalla lista Frutta(A) viene scelto un elemento con

SelettoreAScorrimento (6c) e assegnato al blocco esegui.FruttaScelta(P)

Il blocco esegui.FruttaScelta(P) invoca la procedura FruttaScelta passandole in **X** il valore scelto.

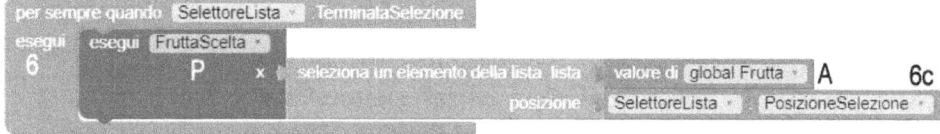

Componenti CasellaDiScelta per i tre frutti banana(2), pera(3), uva(4), ognuna abbinata ad un frutto.

Al click su ciascuna di esse, mediante il blocco se...allora(S) viene verificata la spunta(W).

Su esito positivo è invocata la procedura FruttaScelta(P) passandole il nome dell'immagine in **X**.

Le spunte nei componenti CasellaDiScelta vengono azzerate nella procedura FruttaScelta.

Il nome del frutto viene passato usando un blocco Testo contenete nome ed estensione dell'immagine(T).

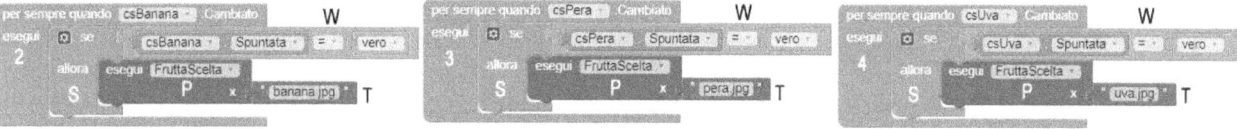

Procedura FruttaScelta(P) in **X** arriva il nome dell'immagine da visualizzare.

Toglie lo spunto ai componenti CasellaDiScelta (2, 3, 4).

Il nome dell'immagine si trova nel contenitore **X**, va fatto click su esso e prelevare la barra contenete il

nome incastrandola nel blocco Immagine.Immagine(1) del componente Immagine(1).

Orologio (Clock)

Componente non visibile, fornisce l'ora del telefono, un timer, e la possibilità di fare calcoli su date e ore.

Questo componente Dispone del solo evento Orologio.Timer e la proprietà Orologio.TimerInterval

determina la frequenza con la quale è possibile attivare l'evento Orologio.Timer.

Per impostazione predefinita, IntervalloTimer è impostato su 1000 millisecondi (1 secondo).

Il valore IntervalloTimer accetta solo valori numerici espressi in millisecondi e può essere impostato sia in

ambiente Progettazione che Blocchi.

Ad es. per riprodurre un suono ogni 2 secondi impostare IntervalloTimer su 2000, ogni 1/2 secondo su 500.

La proprietà Orologio.TimerAbilitato determina attivazione/disattivazione dell'Orologio.Timer

Per default la proprietà Orologio.TimerAbilitato è su vero (true), quindi il timer parte all'avvio.

In avvio, per alcuni tipo di App, è necessario impostare questa proprietà su falso e poi, quando è necessario

che l'azione inizi (ad esempio, quando l'utente fa clic su un pulsante per avviare un'animazione), su vero.

App_07Orologio

Nell'App, ogni 1000 millisecondi (1 secondo), verrà riprodotto un suono.

Dal SelettoreLista1(4a) potrà essere scelto un diverso intervallo per l'evento (4b).

Mediante due pulsanti (2 e 3) l'evento, può essere disattivato e riavviato.

A video sono visibili data corrente e progredire dei secondi (5).

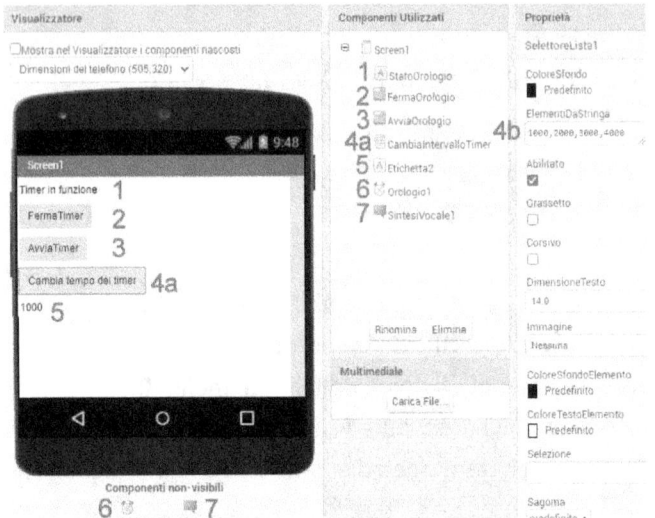

1) Etichetta, stato del timer acceso/spento
2) Pulsante ferma il timer
3) Pulsante riavvia il timer
4a) Pulsante SelettoreLista
4b) Voci del SelettoreLista
5) Mostra data corrente e secondi del timer
6) Orologio che dà il timer
7) SintesiVocale, emette sono, valore del timer

Viene dichiarata la variabile millisecondi = 1000, servirà in seguito a variare IntervalloTimer.

Variabile necessaria anche se per default IntervalloTimer = 1000.

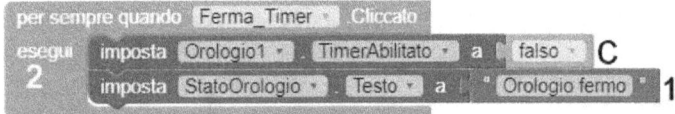

Pulsante FermaTimer(2), al click setta Orologio1.TimerAbilitato su falso (C)

Scrive in Etichetta StatoOrologio.Testo "Orologio fermo" utilizzando un blocco testo (1).

Pulsante AvviaTimer(3), al click setta Orologio1.TimerAbilitato su vero (C)

Scrive in Etichetta StatoOrologio.Testo "Orologio in funzione" utilizzando un blocco testo (1).

SelettoreLista CambiaIntervalloTimer(4a) le 4 voci sulle quali è possibile cambiare l'intervallo del timer sono state definite in ambiente Progettazione (4b). (1000,2000,3000,4000)

la voce selezionata, cioè i millisecondi selezionati sono assegnati alla variabile millisecondi (A),

necessario per essere fruibili anche nel blocco Orologio1.TimerConcluso.

Quindi assegnati come nuovo valore di intervallo a Orologio1.IntervalloTimer(6)

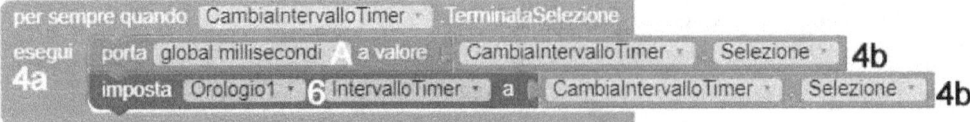

Orologio1.TimerConcluso(6), ad ogni ciclo emette suono(7) dicendo il valore dell'intervallo (A).

Etichetta2.Testo(5), mette a video data e intervallo timer(D) per la lettura, in formato italiano(E).

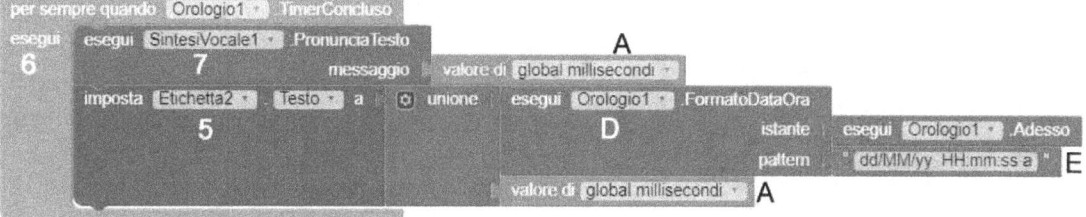

App_08CronometroConTempoIntermedio

Cronometro con lettura del tempo intermedio realizzato con gestione del timer.

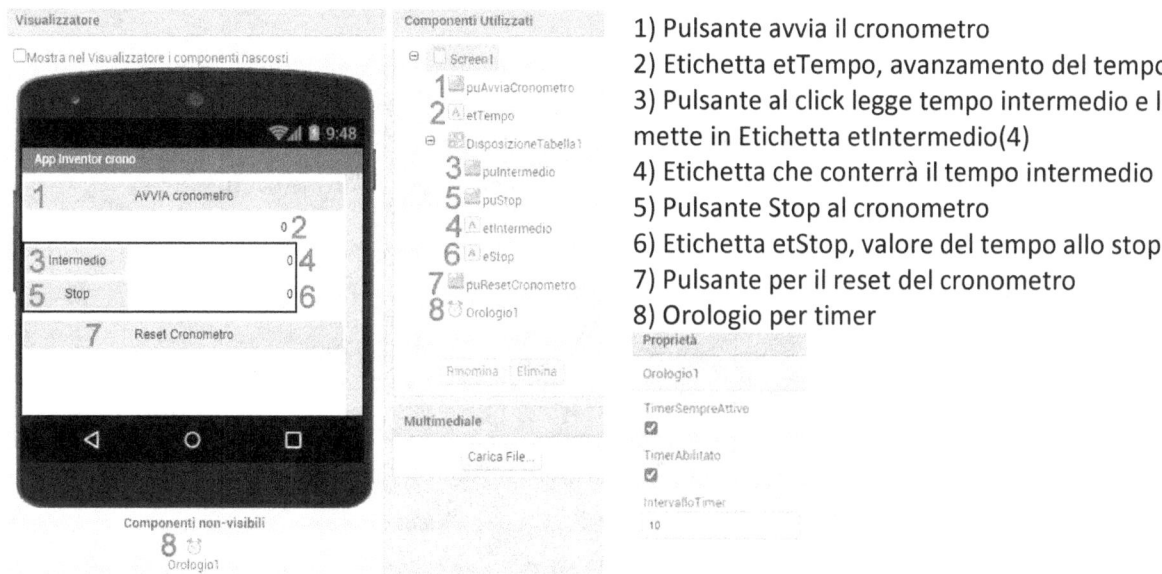

1) Pulsante avvia il cronometro
2) Etichetta etTempo, avanzamento del tempo
3) Pulsante al click legge tempo intermedio e lo mette in Etichetta etIntermedio(4)
4) Etichetta che conterrà il tempo intermedio
5) Pulsante Stop al cronometro
6) Etichetta etStop, valore del tempo allo stop
7) Pulsante per il reset del cronometro
8) Orologio per timer

Vengono inizializzate a zero le variabili ore, minuti, secondi e disabilitato il timer (8).

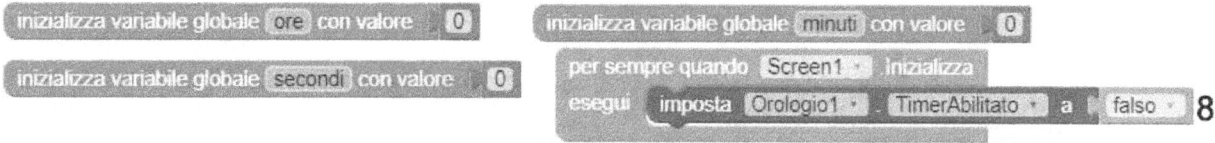

Pulsante(1) all'evento click AvviaCronometro e timer(8).

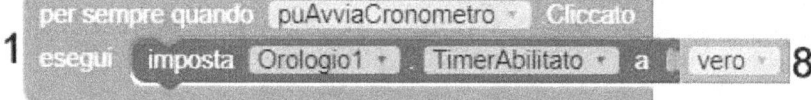

Pulsante(3) all'evento click memorizza il tempo(2) nell'Etichetta(4).
Il tempo è prelevato dal blocco orologio.timer(8).

Pulsante puStop(5) al click ferma il cronometro, inserisce il tempo corrente dall'Etichetta etTempo.Testo(2) nell'Etichetta del pulsante etStop.Testo(6), ferma il timer(8), mette zero in etTempo.Testo(2).

Pulsante(7) al click resetta il cronometro. Ferma il timer(8), necessario nel caso il timer venga resettato senza premere il pulsante puStop(5). Mette a zero come da default tutti i valori.

Esegue test su Orologio.timer(8), se il timer è abilitato(A) esegue i blocchi in allora(B).
Tiene conto dei secondi trascorsi(C).
Se(S) i secondi superano i 59(D) allora, mette a zero i secondi (E) ed aumenta di 1 i minuti(F.)
Se(M) i minuti superano i 59(G) allora, mette a zero i minuti (H) ed aumenta di 1 le ore(I).
Memorizza il tempo, ore, minuti, secondi nell'Etichetta etTempo(2).

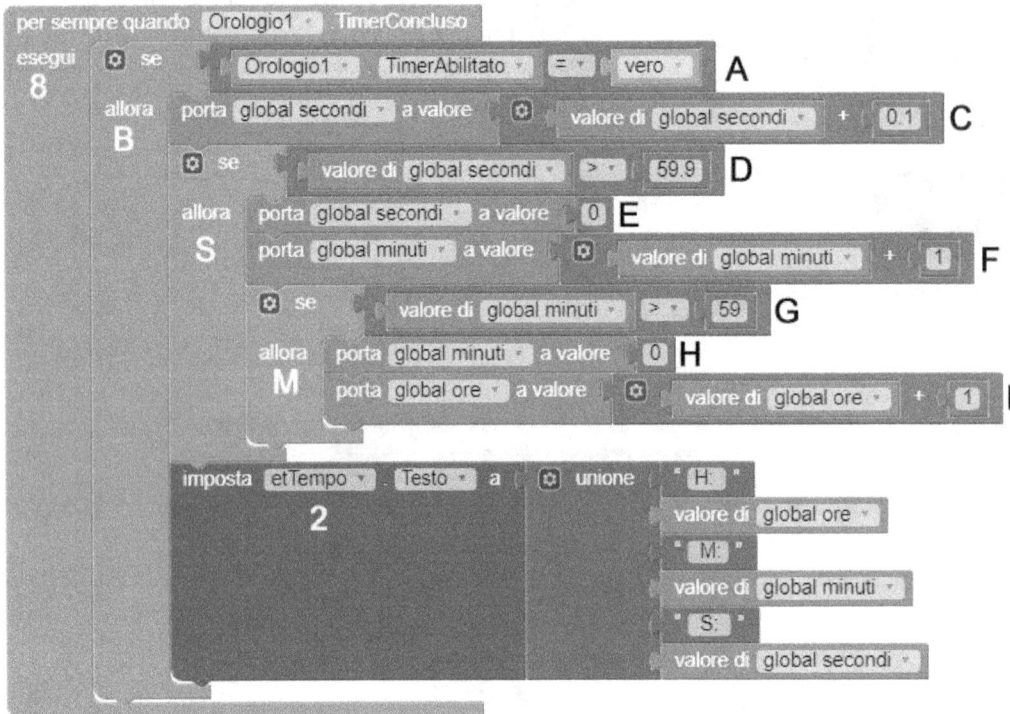

App_09OrologioProprieta

I seguenti blocchi il cui titolo definisce la loro funzione sono una carrellata dimostrativa per come sia possibile gestire le date con l'orologio.
In ambiente Progettazione basta inserire e l'orologio ed una etichetta, Etichetta1.Testo.

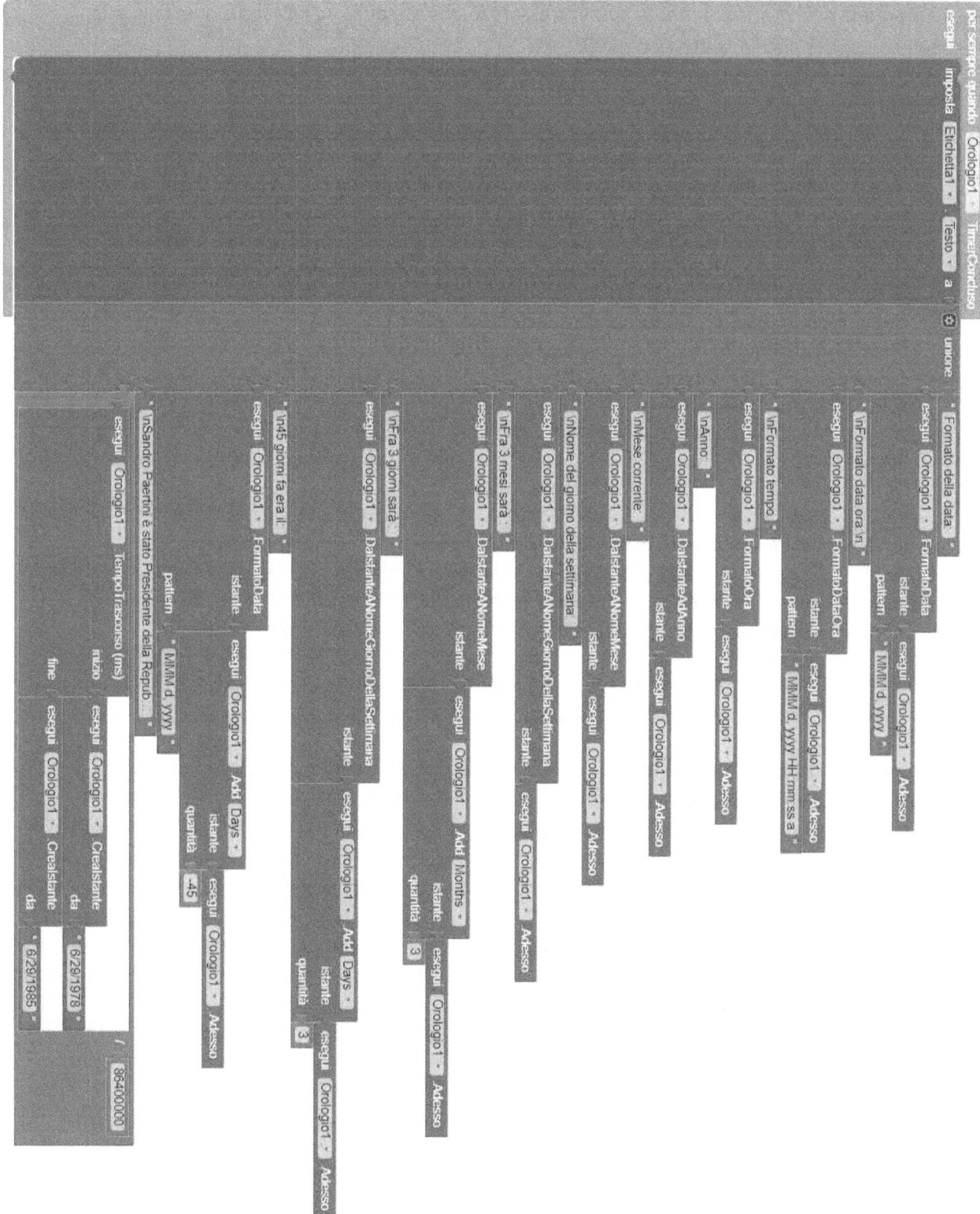

Screen – schermo

Componente di primo livello contenente tutti gli altri componenti della App.

I componenti contenuti in Screen possono essere disposti in vari modi, fare riferimento alla voce menù Impaginazione nella sezione Componenti Disponibili/Impaginazione.

Screen dispone di sue peculiari proprietà: colore, icona che appare quando la App viene scaricata ecc.

Ogni App più avere più screen.

Molte proprietà dell'interfaccia utente possono essere impostate durante il l'esecuzione delle App, di seguito le proprietà più rilevanti e loro ruolo:

- **AppName**, nome della App
- **Titolo**, testo visualizzato nella barra superiore dell'app.
  Usato per informare agli utenti quale sia l'app o lo screen correntemente in uso.
  In Screen1 non può essere modificato il nome ma solo il titolo.
- **InfoSchermo**, informazioni sullo schermo.
  Appare quando dal menu di Sistema viene selezionato "Informazioni su questa applicazione".
  Generalmente usato per informare gli utenti sulle funzionalità della App.
  In App con più schermi, ogni schermata può avere proprie informazioni.
- **ColoreSfondo**, Imposta il colore di sfondo dello schermo.
- **Immagine di sfondo**, Imposta l'immagine di sfondo dello schermo.
- **Icona**, Imposta l'immagine per l'App che viene visualizzata viene mostrata sul dispositivo.
  Solo Screen1 può avere la proprietà Icona,
  in assenza di una icona caricata dal programmatore il sistema fornisce una immagine di default.
- **Scorrevole**, Indica se l'App occuperà solo le dimensioni dello schermo del dispositivo oppure, se con dimensioni maggiori, l'utente può scorrere lo screen.

Il dispositivo può essere configurato in modo da fissare lo screen oppure farlo ruotare.

Con Aggiungi schermo e/o Rimuovi schermo, uno Screen può essere aggiunto oppure eliminato.
Screen1 non può essere eliminato, gli altri, se eliminati non possono essere recuperati.

In un'applicazione multi Screen, ogni Screen ha un nome diverso (Screen1, Screen2 ecc.) attribuito dal sistema e non può essere cambiato mentre è possibile cambiare il Titolo di ciascuno Screen.

Quando vengono dichiarati più Screen, ogni Screen avrà propri ambienti di Progettazione e Blocchi ed ogni ambiente un pulsante per passare fra i vari Screen.
Il passeggio fra Screen è ovviamente programmabile anche in ambiente Blocchi per l'esecuzione App.

Screen diversi possono condividere immagini, audio e video caricati in Progettazione.
Screen diversi non possono condividere i dati/valori generati durante la programmazione a meno di utilizzare altri componenti adibiti al salvataggio dati.

App Inventor mette a disposizione dei Blocchi che permettono di passare valori fra screen.
Usando il componente TinyDB è possibile salvare i dati da uno Screen e rileggerli dagli altri.

App_10Sreen_multipli
L'applicazione ha due screen, mostra come passare valori fra questi utilizzando con metodi diversi.
I due metodi sono, con i blocchi a corredo di App Inventor e facendo uso del componente TinyDB.

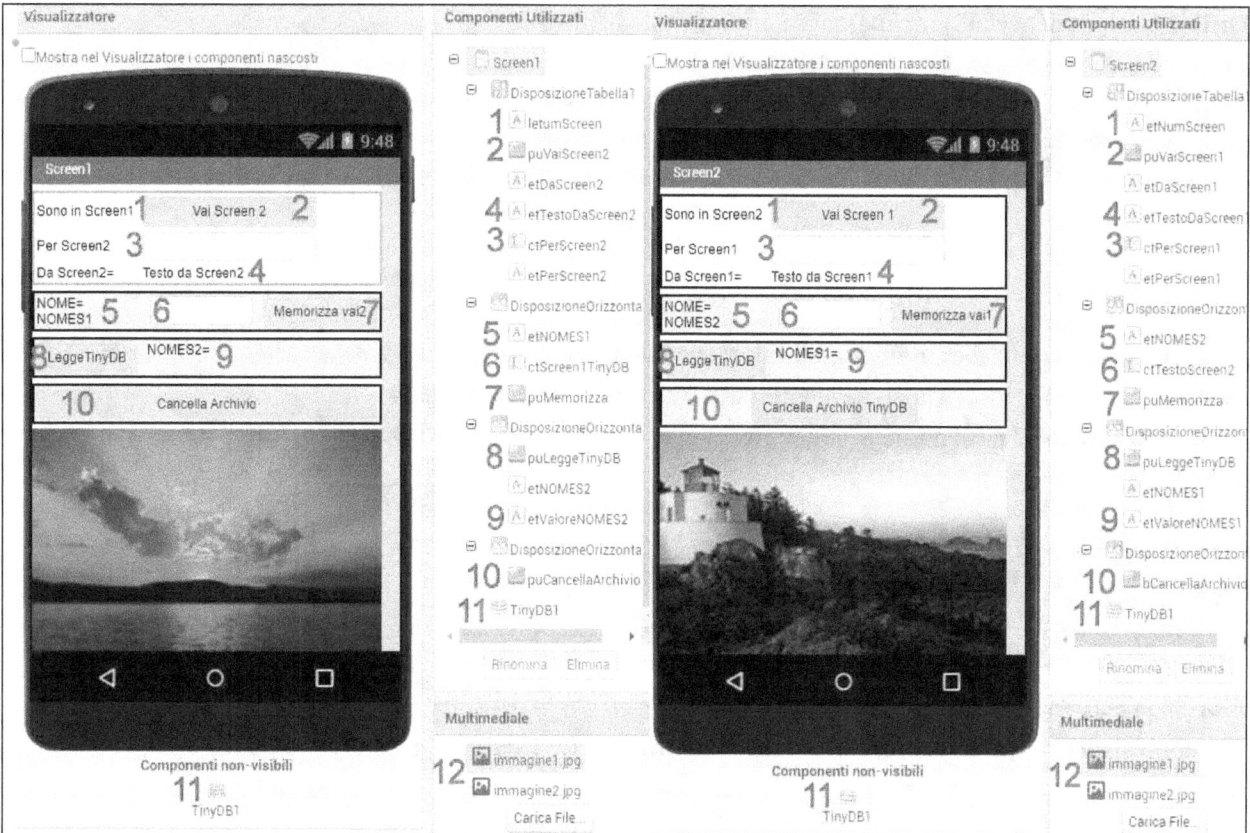

1)Etichetta numero screen corrente

2) Cambia screen passando con blocchi i valori della CasellaDiTesto(3)

3)Casella di testo che contiene i valori da passare all'altro screen.

4)Etichetta che conterrà i valori provenienti dall'altro Screen

5)Nome per TinyDB: NOMES1 per Screen1, NOMES2 per Screen2

6)CasellaDiTesto dove digitare il valore da passare all'altro Screen con TinyDB

7)Pulsante che memorizza il valore con TinyDB ed apre l'altro Screen

8)Pulsante al click legge il valore TinyDB arrivato dall'altro Screen che va in (9)

9)Valore letto con TinyMDB, al click sul Pulsante(8)

10)Cancella i valori di TinyDB salvati nello spazio comune ai 2 Screen.

11)Componete TinyDB

12)Immagini per gli sfondi degli Screen caricate nello spazio comune ai 2 Screen.

Passaggio dati da Screen1 a Screen2, metodo con blocchi

Blocchi in Screen1

Pulsante(2) puVaiScreen2, all'evento apre Screen2(A)

Contenuto della CasellaDiTesto(3)

Apre lo Screen2(B) passando i valori in CasellaDiTesto(3).

Il blocco (B) si ottiene dalla sezione Blocchi incorporati/Controllo

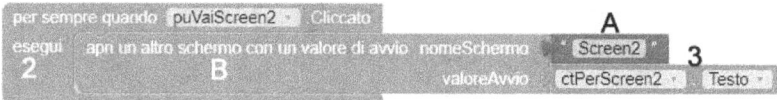

Blocchi in Screen2

Inizializza(A), blocco che va in esecuzione all'apertura di uno Screen

Ottieni il valore di avvio(B) recupera il valore inviato dall'altro screen

Inserisce il valore nell'Etichetta etDaScrenn1(4)

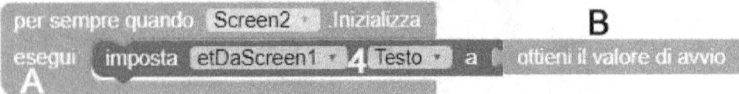

Passaggio dati da Screen1 a Screen2, metodo TinyDB

Blocchi in Screen1

Pulsante(7) all'evento click memorizza i valori con TinyDB(11),

etichetta=NOMES1, Valore letto dalla CasellaDiTesto ctScreen1TinyDB(6)

Apre altro Screen(A) il cui nome è Screen2(B)

Blocchi in Screen2

Pulsante(8) all'evento click recupera i valori memorizzati con TinyDB(11) col tag NOMES1.

Inserisce i valori in Etichetta etValoreNomeS1(9), se valori assenti usa il contenuto del blocco testo (C)

Il passaggio dati da Screen2 a Screen 1 è speculare al passaggio fra da Screen1 a Screen 2 appena descritto e facilmente identificabile nel file aia scaricabile.

Poiché entrambi gli Screen utilizzano lo stesso spazio di archiviazione TinyDB, è sufficiente un pulsante unico per cancellare i valori usati da Scrre1 e Screen2.

per sempre quando bCancellaArchivio Cliccato
esegui esegui TinyDB1 .CancellaTutto 11
10

SelettoreData – SelettoreOra (DatePicker – TimePicker)

Pulsanti al cui click aprono finestre dove è possibile selezionare data e/o ora.

Data ed ora possono essere modificate anche utilizzando metodi del componente Orologio.

App_11SelettoriDataOra

Mostra come selezionare data da SelettoreData, ora dal SelettoreOra ed assegnare risultato a dei blocchi, inserire data/ora in CasaellaDiTesto ed assegnare il risultato a SelettoreData e SelettoreOra.

Nell'inserimento in CasellaDiTesto, se i valori data ed ora non sono idonei l'App va in errore.

In una App completa è necessario programmare un controllo sui dati inseriti oppure, ad esempio, dei componenti SelettoreLista in modo da fare scegliere fra risultati prestabiliti ed idonei.

1)SelettoreData, una volta scelta/modificata premendo su OK viene messa/recuperata in (3)
2)SelettoreOra, una volta scelta/modificata premendo su OK viene messa/recuperata in (3)
3)Etichetta che visualizza Data e/o Ora
4)CasellaDiTesto per inserire giorno
5)CasellaDiTesto per inserire mese
6)CasellaDiTesto per inserire anno
7)Pulsante che mostra SelettoreData data digitata in (4-5-6). Una volta scelta/modificata premendo su OK viene messa/recuperata in (3)
8)CasellaDiTesto per inserire ore
9)CasellaDiTesto per inserire minuti
10)Pulsante che mostra SelettoreOra digitata in (8-9). Una volta scelta/modificata premendo su OK viene messa/recuperata in (3)

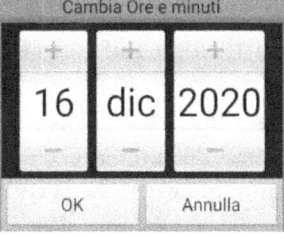
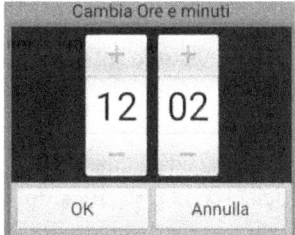

SelettoreData del sistema(1) che al click su OK viene inserita nell'Etichetta etDataOreMinuti(3)
unione(A) unisce i valore Giorno, Mese, Anno inserendoli in etDataOreMinuti (3)

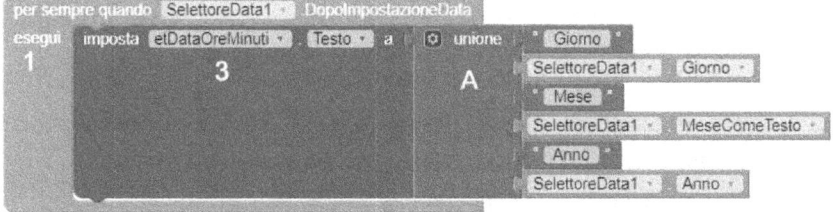

SelettoreOra del sistema(2) che al click su OK viene inserita nell'Etichetta etDataOreMinuti(3)
unione(B) unisce i valore Giorno,Mese,Anno eventualmente presente in etDataOreMinuti (3) aggiungendo Ora e Minuti.

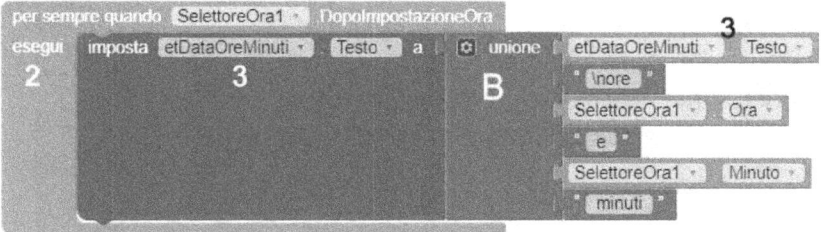

SelettoreDATA puEseguiDATA(7), legge nelle CassellaDiTesto giorno(4), mese(5), anno(6) inseriti dall'utente che quando preme OK vengono inseriti nel SelettoreData(1) assegnandoglieli con (C).
Compariranno nell'Etichetta etDataOreMinuti(3).

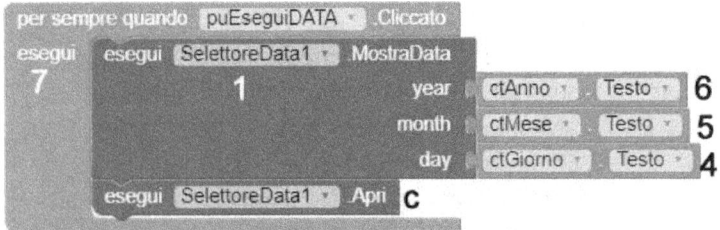

SelettoreORA puEseguiORA(10), legge nelle CassellaDiTesto ore(8), minuti(9) inseriti dall'utente che quando preme OK vengono inseriti nel SelettoreOra(2) assegnandoglieli con (D).

Compariranno nell'Etichetta etDataOreMinuti(3).

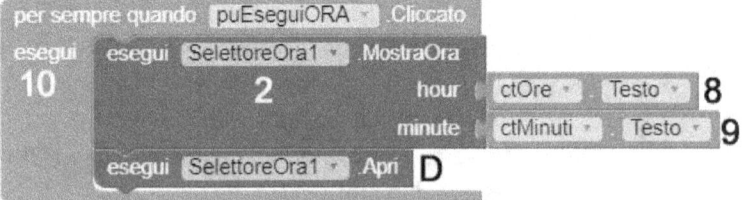

Notifiche (Notifier)

Componente non visibile, consente visualizzare finestre di dialogo, messaggi ecc. con i seguenti metodi:

- **MostraFinestraMessaggio**, visualizza un messaggio che l'utente deve chiudere premendo un pulsante.
- **MostraFinestraDiScelta**, visualizza un messaggio con due pulsanti consentendo all'utente di scegliere. Premendo il pulsante della scelta si verifica un evento intercettabile da codice.
- **MostraFinestraDiTesto**, consente all'utente di inserire un testo in risposta ad un messaggio, dopodiché, al click, si verifica l'evento DopoImmissioneTesto.
- **MostraAvviso**, visualizza un avviso temporaneo che scompare da solo dopo alcuni istanti.
- **RegistraErrore**, registra un messaggio di errore nel registro di Android.
- **RegistraInfo**, registra un messaggio informativo nel registro di Android.
- **RegistraAvvertimento**, registra un messaggio di avvertimento nel registro di Android.

Questi metodi si prestano a molteplici funzioni, ad es. consentire all'utente la scelta fra due opzioni senza necessità delle CaselleDiScelta, oppure usare i valori digitati in MostraFinestraTesto per assegnarli a componenti o variabili, oppure per testare il programma durante la stesura.

Con esclusione del messaggio di avviso, i messaggi nelle finestre possono essere formattati usando tag HTML5: <b>grassetto</b>,
(testo a capo), <blockquote>testo</blockquote>, <cite>testo</cite>, <div>, <em>, <small>, <strong>, <sub>, <sup>, <tt>, <u>

Può essere personalizzato il colore del testo usando tag "font", ad esempio,

<font color="red">testo da fare comparire </font> per colorare i caratteri in rosso.

I nomi dei colori (in lingua inglese) che possono essere utilizzati sono reperibili a questa pagina web:

https://www.w3schools.com/cssref/css_colors.asp

App_12Notifiche

L'App mostra il funzionamento dei quattro più importanti metodi del componente Notifiche, ad ogni metodo è associato un pulsante, con il nome del metodo stesso.

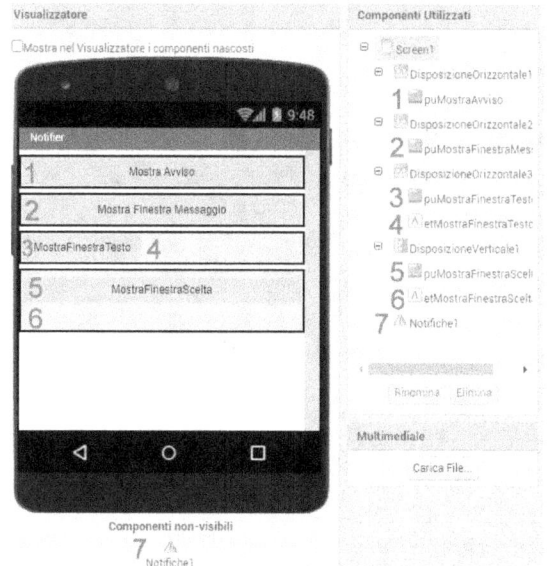

1)Pulsante, mostra testo d'avviso.

2)Pulsante, mostra finestra messaggio con: Titolo, Messaggio e Pulsante di chiusura.

3) Pulsante, mostra finestra dialogo, è possibile stabilire il testo di: Titolo e Messaggio.

Possibile digitare testo intercettabile da programma.

La finestra mostra un pulsante OK di chiusura.

Se il blocco booleniano(H) incastrato in nascondibile contiene "vero" mostra anche il pulsante Annulla.

4)Etichetta, mostra testo intercettato al click sul(3)

5) Pulsante, mostra finestra di dialogo della quale è possibile stabilire: Titolo, Messaggio e 3 pulsanti.

Possibile digitare testo intercettabile da programma.

Se nascondibile=falso pulsante Annulla è invisibile.

6) Etichetta, mostra testo intercettato al click sul(5)

Pulsante(1) MostraAvviso, al click mostra un testo d'avviso specificato in ambiente Blocchi.

Blocco Notifier(7), blocco testo(A) contiene il testo da far comparire.

Pulsante(2) MostraFinestraMessaggio, al click mostra quanto specificato in ambiente Blocchi.

Blocco Notifier(7), blocchi testo: (B)=corpo messaggio, (C)=titolo finestra, (D)= testo su pulsante chiusura.

Pulsante(3) MostraFinestraTesto, al click mostra quanto specificato in ambiente Blocchi.

La finestra mostra una casella dove l'utente può digitare del testo recuperabile alla sua chiusura(J)

Blocco Notifier(7), blocchi testo: (F)=corpo messaggio, (G)=titolo finestra

La finestra mostra un pulsante OK di chiusura e se Il blocco booleniano(H), incastrato in nascondibile contiene "vero", mostra anche un pulsante Annulla.

Blocco Notifiche1.DopoScelta(W), va in esecuzione a chiusura della finestra creata da MostraFinestraTesto.

Il testo recuperato si trova nel contenitore scelta(S),

dal contenitore prelevare la barra "scelta"(S) ed incastrarla nell'Etichetta etMostraFinestraScekta.Testo(4).

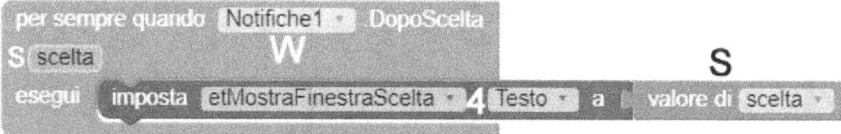

Pulsante(5) puMostraFinestraScelta, al click mostra quanto specificato in ambiente Blocchi

Blocco Notifier(7), blocchi testo: (K)=corpo messaggio, (L)=titolo finestra, testo sui 2 pulsanti(M-N)

Se il blocco booleniano(P), incastrato in nascondibile, contiene "vero", la finestra mostra un pulsante Annulla che chiude la finestra, se questo blocco contiene falso, il pulsante non campare.

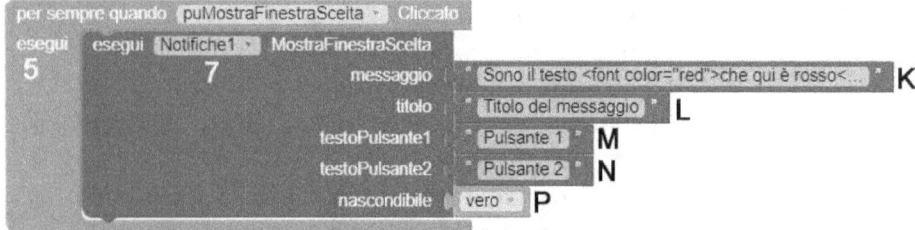

Blocco Notifiche1.DopoInserimetoTesto(Z), va in esecuzione alla chiusura della finestra creata da MostraFinestraScelta (7).

In (R) è recuperato il pulsante premuto (M - N) ed assegnato all'Etichetta etMostraFinestraScelta.Testo(6)

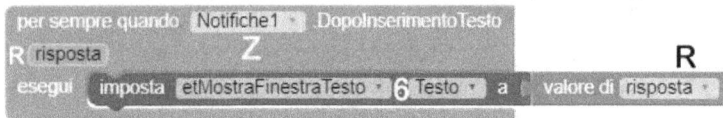

CasellaDiTestoPassword (PasswordTextBox)

Casella per inserire password, simile al componente CasellaDiTesto, non mostra i caratteri digitati.

Di solito posta in Screen1 mentre il resto della App è assemblato su altri Screen.

Deve essere abbinata ad un componente Pulsante dove l'utente fa click a termine inserimento password.

Il testo digitato può essere recuperato oppure impostato tramite la proprietà Testo.

Dopo il click, in ambiente Blocchi, viene letto il contenuto inserito e quindi verificata la password.

Se il componente CasellaDiTestoPassword è vuoto, la proprietà Suggerimento, che appare come testo tenue nella casella, può fornire all'utente indicazioni su cosa digitare.

App_13PasswordTextBox

App composta da due screen, Screen1 per la richiesta della password e Screen 2 per il proseguo App.

Occorre inserire la password e poi premere il Pulsante OK, con esito positivo l'App passa a Screen2.

Facendo uso del componente con il componete Notifiche viene comunicato l'esito.

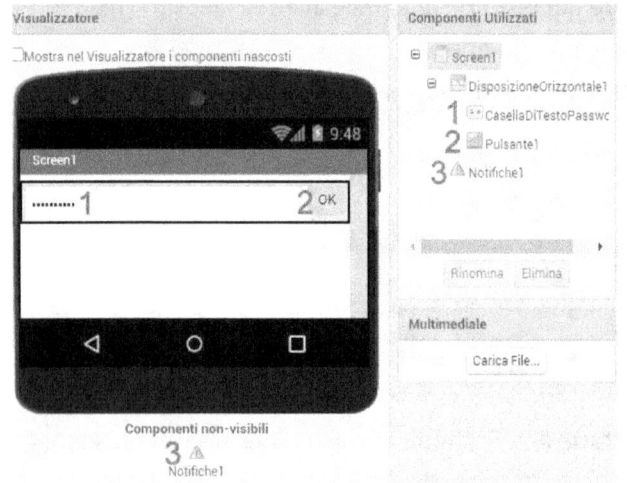

1)CasellaDiTestoPassword
2)Pulsante che all'evento click lancia la verifica della password inserita
3)Componente notifiche che comunicherà il risultato della verifica password

Pulsante(2), al click lancia la verifica della password

Blocco **Se ... allora ... altrimenti**(k1...k2...k3) verifica password e manda in esecuzione per tipo di risultato.

se (k1) CasellaDiTestoPassword.Testo(1), verifica se password è diversa (≠) da quella attesa (qwerty).

allora (k2) Password sbagliata, Notifiche1(3) comunica esito con il blocco testo(B),

vuota CasellaDiTestoPassword.Testo(1b) con blocco testo vuoto(C)

altrimenti (k3) Password esatta, Notifiche(3b) comunica esito con il contenuto del blocco testo(D),

apre Screen2(E) il cui nome è in blocco testo(F)

Immagine (Image)

Componente per la visualizzazione di immagini.

Le immagini devono essere preventivamente caricate nella App dall'ambiente Progettazione, sezione Multimediale, pulsante Carica file.

App Inventor supporta molti formati immagine, i migliori risultati si ottengono con file JPG (JPEG) e PNG-24.

Le immagini PNG sono generalmente più nitide ma più pesanti in termini di kb.

Da evitare le immagini BMP perché non vengono compresse.

La gestione delle immagini avviene comunicando al componente Immagine quale deve contenere.

Può essere fatto in ambiente Progettazione/Proprietà selezionandone il nome, oppure in ambiente Blocchi con blocco Testo, assegnandone nome completo di estensione.

Il componente Immagine, e quindi l'immagine che contiene può essere reso sensibile all'evento click ed avere animazioni e movimenti.

I comandi per il movimento devono essere assegnati con blocchi testo, essi sono:

- **ScrollRight**, Scorri verso destra
- **ScrollRightSlow**, Scorri verso destra lentamente
- **ScrollRightFast**, Scorri verso destra veloce
- **ScrollLeft**, Scorri verso sinistra
- **ScrollLeftSlow**, Scorri verso sinistra lentamente
- **ScrollLeftSlow**, Scorri verso sinistra lentamente
- **ScrollLeftFast**, Scorri verso sinistra veloce
- **Stop**, fermarsi

Il componente Immagine può essere reso invisibile/visibile secondo le necessità ed anche fissare altezza e larghezza sia in pixel che in percentuale.

L'immagine contenuta nel componente Immagine assume le dimensioni assegnate al componente e può essere fatta ruotare in gradi angolari, ridimensionata e scalata preservando le proporzioni.

App_14Immagine

Con questa App vengono mostrate le più importanti proprietà del componete Immagine.
All'avvio, in ambiente Blocchi, l'immagine (1) viene resa sensibile all'evento click.
All'evento click Immagine viene nascosta, resa ancora visibile al click sul pulsante Visibile (10).

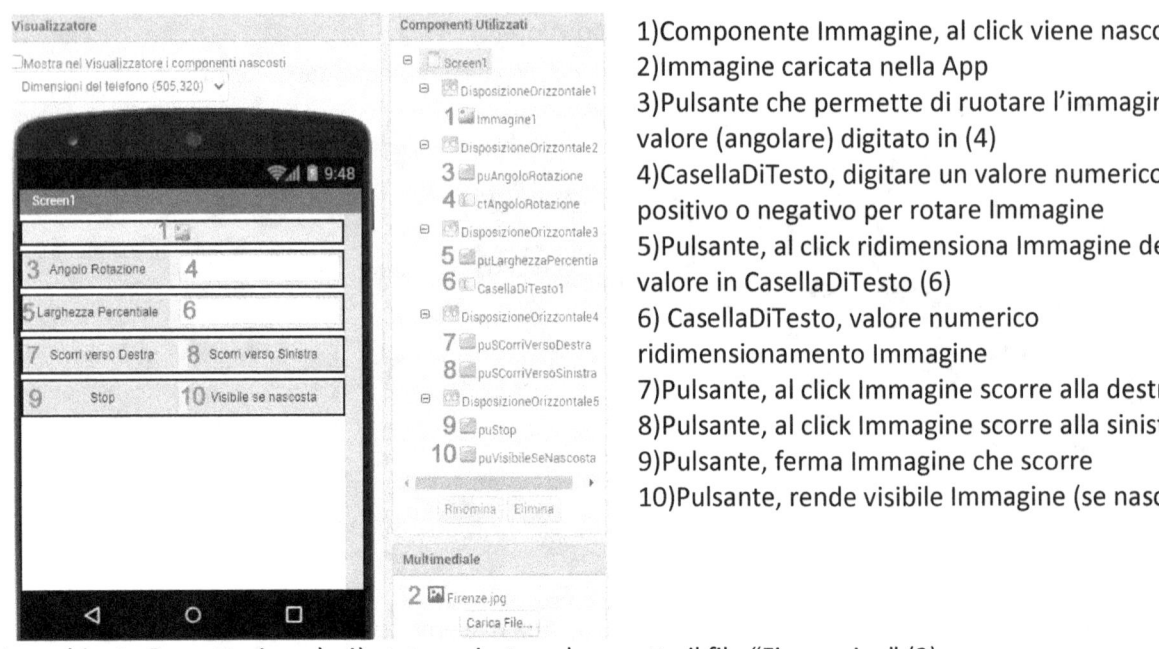

1)Componente Immagine, al click viene nascosto
2)Immagine caricata nella App
3)Pulsante che permette di ruotare l'immagine del valore (angolare) digitato in (4)
4)CasellaDiTesto, digitare un valore numerico positivo o negativo per rotare Immagine
5)Pulsante, al click ridimensiona Immagine del valore in CasellaDiTesto (6)
6) CasellaDiTesto, valore numerico ridimensionamento Immagine
7)Pulsante, al click Immagine scorre alla destra
8)Pulsante, al click Immagine scorre alla sinistra
9)Pulsante, ferma Immagine che scorre
10)Pulsante, rende visibile Immagine (se nascosta)

In ambiente Progettazione è già stato caricato nel progetto il file "Firenze.jpg" (2).
All'avvio dell'App va in esecuzione il blocco Screen1.Inizializza(A).
Il blocco testo contenete "Firenze.jpg"(2) l'immagine è inserita nel componente Immagine1.Immagine(1)
Immagine è resa sensibile al click assegnando "vero"(B) al blocco Immagine1.Clickable(1a).

per sempre quando Screen1 Inizializza
esegui imposta Immagine1 1 Immagine a " Firenze.jpg " 2
A imposta Immagine1 1a Clickable a vero B

Blocco Immagine1.Cliccato(Z), va in esecuzione al click sull'immagine(2),
assegna il valore booleniano "falso"(C) a Immagine1.Visibile(1), nascondendo l'Immagine.

Z per sempre quando Immagine1 Cliccato
esegui imposta Immagine1 1 Visibile a falso C

Pulsante puVisibileSeNascosta.Cliccato(10), al click, assegna il valore booleniano "vero" al componente
Immagine1.Visibile(1) rendendolo visibile e quindi anche l'immagine contenuta(2).

10 per sempre quando puVisibileSeNascosta Cliccato
esegui imposta Immagine1 1 Visibile a vero D

Pulsante puAngoloRotazione.Cliccato(3), al click ruota il componete Immagine(1) di gradi angolari digitati
nella CasellaDiTesto ctAngoloRotazione.Testo(4), valore positivo senso orario, negativo antiorario.
Nasconde tastiera virtuale(K).

per sempre quando puAngoloRotazione Cliccato 4
esegui imposta Immagine1 1 AngoloDiRotazione a ctAngoloRotazione Testo
3 esegui Screen1 .NascondiTastiera K

Pulsante puLarghezzaPercentuale.Cliccato(5), al click ridimensiona in percentuale il componete

Immagine(1) del valore digitato nella CasellaDiTesto CasellaDiTesto1.Testo(6).

Nasconde tastiera virtuale(K).

Pulsante puSComVersoDestra.Cliccato(7), al click usando un blocco di testo assegna il comando "ScrollRightSlow"(E) al blocco Immagine1.Animazione facendo scorrere l'Immagine(1) verso destra.

Pulsante puSComVersoSinistra.Cliccato(8), al click il blocco Immagine1.Animazione(1) riceve il comando "ScrollLeftSlow" mediante il blocco testo(F) e Immagine(1) scorre verso sinistra.

Pulsante puStop.Cliccato.Cliccato(9), al click il blocco Immagine1.Animazione(1) riceve il comando "Stop" mediante il blocco testo(G e), cessa lo scorrimento e torna nella posizione di default.

Cursore (Slider)

Barra di avanzamento con cursore scorrevole o trascinabile da destra a sinistra e viceversa.

Del cursore è possibile stabilire i valori minimo e massino entro i quali il cursore può essere spostato anche con valori inferiori ad 1.

All'interno del range stabilito è possibile impostare un valore di default poi modificabile dinamicamente dall'utente oppure da eventi di altri componenti.

Durante lo spostamento del cursore viene generato l'evento PosizioneCambiata che restituisce il valore della posizione.

App_15Cursore

Con il valore di 4 componenti Cursore viene miscelato un colore e sua opacità colorando lo sfondo di un componente Etichetta.

Ciascuno dei componenti Cursore cuRosso, cuVerde, cuBlu permette di impostare un valore fra 0 a 255 stabilendo la quantità di Rosso, Verde e Bleu nel colore miscelato.

Il valore zero indica assenza di colore.

Il quarto componente Cursore cuOpacita definisce l'opacità del colore stesso e può essere impostato ad un valore fra zero e 255 dove zero indica completa trasparenza, 255 completa opacità.

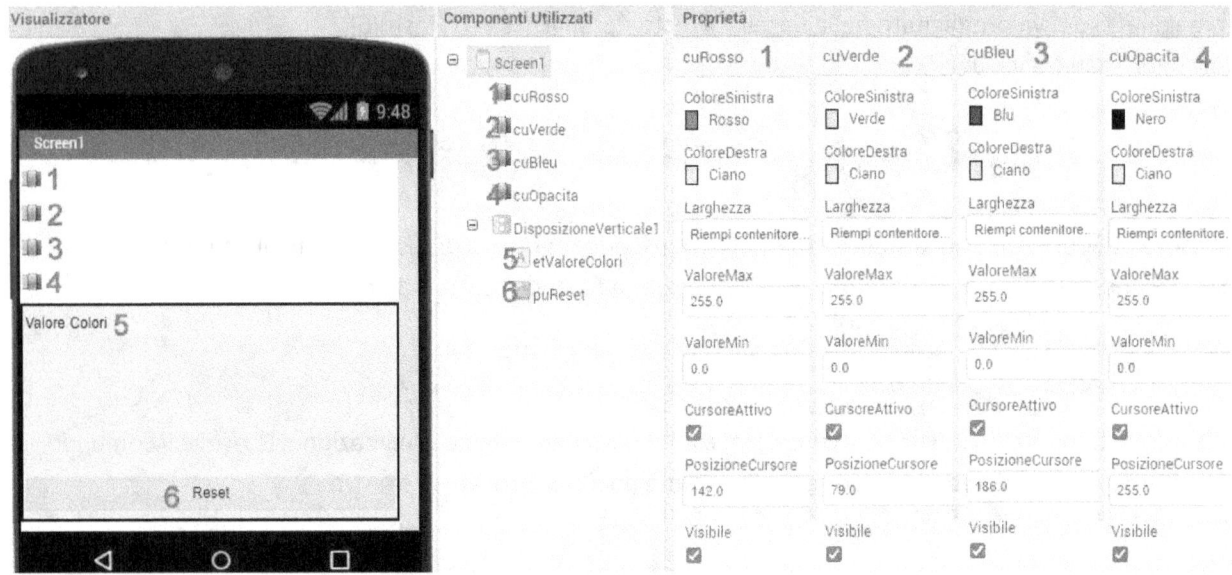

1)Cursore per i valori della quantità di Rosso

2)Cursore per i valori della quantità di Verde

3)Cursore per i valori della quantità di Blu

4)Cursore per il valore dell'opacità

I valori dei cursori minimo = 0 e massimo = 255, sono stabiliti in ambiente Progettazione.

5)Etichetta che cambia colore e opacità dello sfondo su notificazione del valore dei cursori.

6)Pulsante che porta il valore dei Cursori e quindi dei colori al valore di default.

Blocco Screen1.inizializza(A), va in esecuzione ad ogni avvio della App

Manda in esecuzione la procedura Reset(B) dove vengono inizializzati i valori dei cursori.

Questa procedura viene chiamata anche al click del pulsante Reset(6)

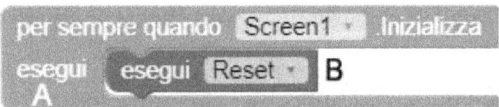

Procedura Reset(B), inizializza il valore dei cursori per colore ed opacità.

Chiama la Procedura ColoreSfondoEtichetta(C) dove viene colorato lo sfondo dell'etichetta e scritti nell'etichetta, i valori numerici di colore ed opacità.

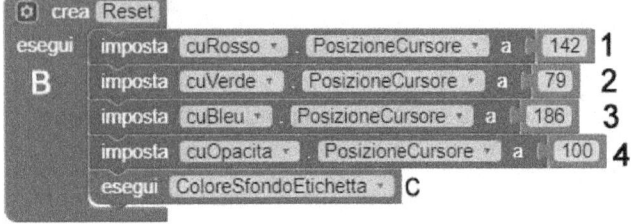

Procedura ColoreSfondoEtichetta(C), l'Etichetta etValoreColori.ColoreSfondo(5) viene colorata.

Per creare il colore viene prelevato dalla sezione blocchi/incorporato/colori, il blocco necessario per la creazione di colori personalizzati "crea colore"(E).

Al blocco "crea colore"(E) viene assegnata la lista "crea lista"(D) con inseriti i valori numerici di colori e opacità prelevati dai 4 componenti Cursore

Col blocco "crea colore"(E) viene creato il colore vero e proprio e quindi assegnato all'etichetta etValoreColori.ColoreSfondo (5), colorandone lo sfondo.

Nell'etichetta etValoreColori.Testo (5b) viene scritto come testo i valori di colori e opacità.

Questa operazione viene fatta utilizzando il blocco testo "unione"(F) al quale è assegnato il blocco Testo(G) contenente il testo del titolo "Color, valore dei cursori", nell'incastro successivo viene inserito il blocco "componenti colore"(H) prelevato dalla sezione blocchi/incorporato/colori, questo blocco scompone il colore di sfondo dell'Etichetta etValoreColori.ColoreSfondo(5) nei suoi componenti numerici assegnandoli poi tremite il blocco "unione"(F) all'etichetta (5b).

I blocchi (E-H) eseguono operazioni inverse fra loro.

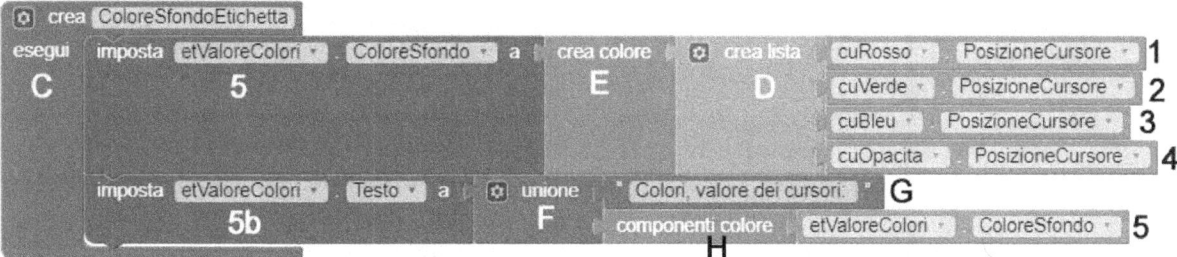

Pulsante puReset(6), al click chiama la procedura Reset(B) che porta la App ai valori di default.

Blocchi dei Cursore "per sempre quando" NomeCursore "PosizioneCambiata" rispettivamente per i colori Rosso cuRosso(1), Verde cuVerde(2), Blu cuBlu(3) e Opacità cuOpacita(4).

Al cambio del valore, in questo caso movendo la barra, si attiva l'evento "PosizioneCambiata" e viene chiamata la Procedura ColoreSfondoEtichetta(C) che assegna all'etichetta (5) il colore di fondo e all'etichetta (5b) i dati numerici.

VisualizzatoreWeb (WebViewer)

Componente non visibile per navigare in pagine Web dove possono anche essere compilati moduli Web e aprire collegamenti ipertestuali.

Pur avendo caratteristiche paragonabili non è un vero browser soffrendo di alcune limitazioni, ad esempio, se nel dispositivo viene premuto il pulsante indietro l'App verrà chiusa invece di tornare alla pagina precedente della cronologia del browser.

Per ovviare a questa limitazione è necessario programmare l'azione in ambiente Blocchi.

Della pagina caricata nel VisualizzatoreWeb è possibile interagire fra javascript ad App Inventor utilizzando il blocco RunJavaScript di questo componente.

Da non confondere javascript con java, sono due linguaggi diversi.

App_16App_VisualizzatoreWeb

La App mette il dispositivo in grado di navigare in Internet.

All'avvio carica una pagina predefinita, dispone di una CasellaDiTesto dove digitare un indirizzo web da raggiungere con un click sul pulsante "Vai".

Tre pulsanti permetto l'avanti/indietro nella cronologia del browser e tornare alla pagina Home predefinita.

Due pulsati permettono di portarsi a siti web predefiniti dal programmatore, wikipedia e liberliber.

1)CasellaDiTesto dove digitare un indirizzo Internet

2)Pulsante, al click, va all'indirizzo digitato

3)Pulsante, cronologia del browser, Indietro

4)Pulsante, cronologia del browser, Avanti

5)Pulsante, va a pagina Home predefinita

6) Pulsante, va a indirizzo internet di wikipedia (programmato in ambiente blocchi)

7) Pulsante, va a indirizzo internet di liberliber (programmato in ambiente blocchi)

8)VisualizzatoreWeb

9)Elenco immagini caricate (10) per i pulsanti Indietro, Avanti e Home

Le immagini di Avanti.png, Home.png e Indietro.png vengono caricate nella App in ambiente Progettazione.

All'avvio dell'App va in esecuzione il blocco Screen1.Inizializza(A) che chiama la Procedura UrlHome() che porta il browser all'indirizzo Internet contenuto nel blocco Testo(C).

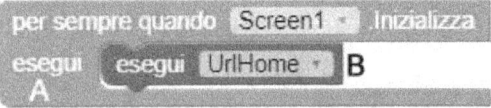

Procedura UrlHome(B), contiene il blocco esegui del VisualizzatoreWEb(8) che porta all'indirizzo Internet contenuto nel blocco Testo(C)

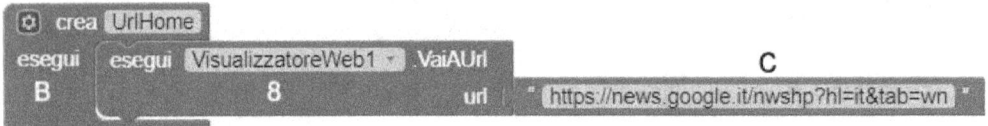

Pulsante puHome(2).Cliccato, al click chiama la Procedura UrlHome(B) portando all'indirizzo Internet contenuto nel blocco Testo(C)

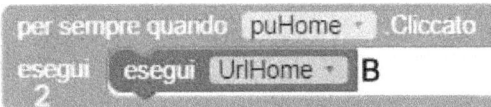

Pulsanti puAvanti(4) e puIndietro(2), al click seguono la cronologia del browser nel senso richiesto.

La cronologia è seguita nativamente dall'App e applicata con i blocchi VisualizzatoreWeb1.VaiAvanti(C), e VisualizzatoreWeb1.TornaIndietro(D)

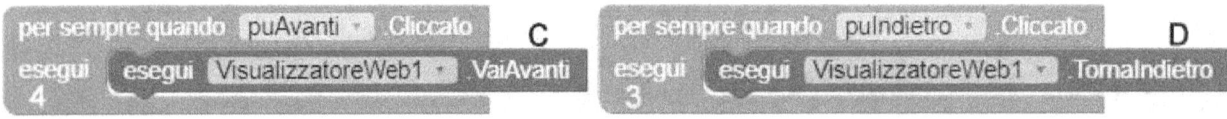

Navigare in Internet con indirizzi digitati dall'utente

Nell'App si presuppone che l'indirizzo web digitato dall'utente inizi per www oppure per http.

Inizializza la variabile globale TestaIndirizzoWeb(E), servirà a controllare l'esistenza del prefisso http nell'indirizzo. Il visualizzatore web non funziona se l'indirizzo inizia con www

E inizializza variabile globale TestaIndirizzoWeb con valore " "

Inizializza la variabile globale IndirizzoWeb(F), conterrà l'indirizzo web dopo essere stato testato.

F inizializza variabile globale IndirizzoWeb con valore " "

Pulsante puVai(2), al click, porta all'indirizzo digitato dall'utente.

Con la variabile TestaIndirizzoWeb(E) usando il blocco testo(G) e leggendo l'indirizzo dalla

CassellaDiTesto(1) testa esistenza prefisso http. Se esiste variabile TestaIndirizzoWeb(E) = 1.

Blocco: se … allora … altrimenti (k1…k2…k3)

(k1)se, controlla se TestaIndirizzoWeb(E) = 1 usando il blocco Matematica(J)

(k2)allora, nel caso l'esito sia positivo la variabile IndirizzoWeb(F) acquisisce l'indirizzo digitato

(k3)altrimenti, nel caso l'esito sia negativo alla variabile(F),con il blocco Testo(L) viene assegnato il prefisso

http:// e di seguito l'IndirizzoWeb(F) digitato nella CasellaDiTesto(1) iniziante con www

Il blocco esegui.VisualizzatoreWeb1.VaiAUrk(8), porta all'indirizzo contenuto nella variabile IndirizzoWeb(F)

Viene nascosta la tastiera virtuale(P).

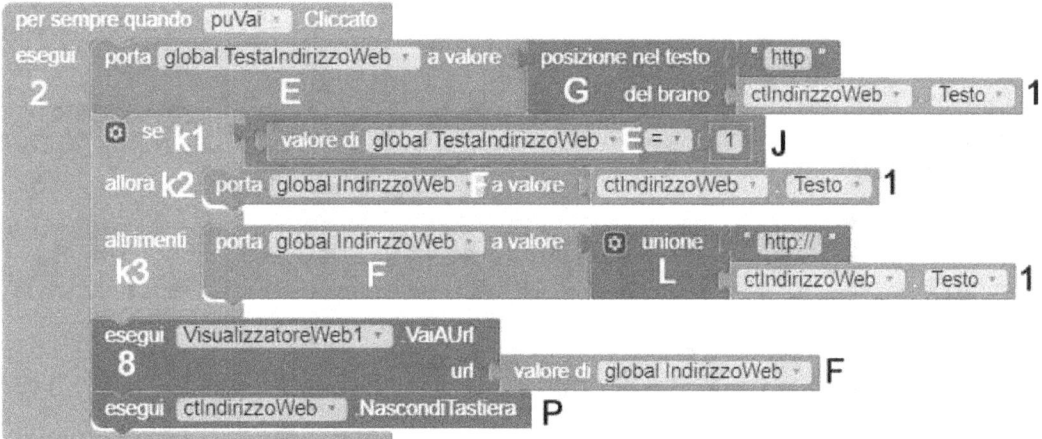

Multimediale

Fotocamera (Camera)

Componente non visibile, permette di scattare foto con la fotocamera del dispositivo.

Dopo che la foto viene scattata il nome del file contenente l'immagine è disponibile come argomento dell'evento ScattataFoto (AfterPicture).

Il NomeFile può essere utilizzato anche per impostare la proprietà Immagine del componente Immagine.

App_17Fotocamera

L'App permette di avviare la fotocamera del dispositivo per poi scattare una foto.

Una volta scattata, per mezzo del componente Notifiche viene visualizzato un messaggio di foto scattata e con il componente SintesiVocale emesso un messaggio vocale analogo.

La foto viene visualizzata nel componente Immagine dove, utilizzando i valori di un componente Cursore, può essere ingrandita o minimizzata.

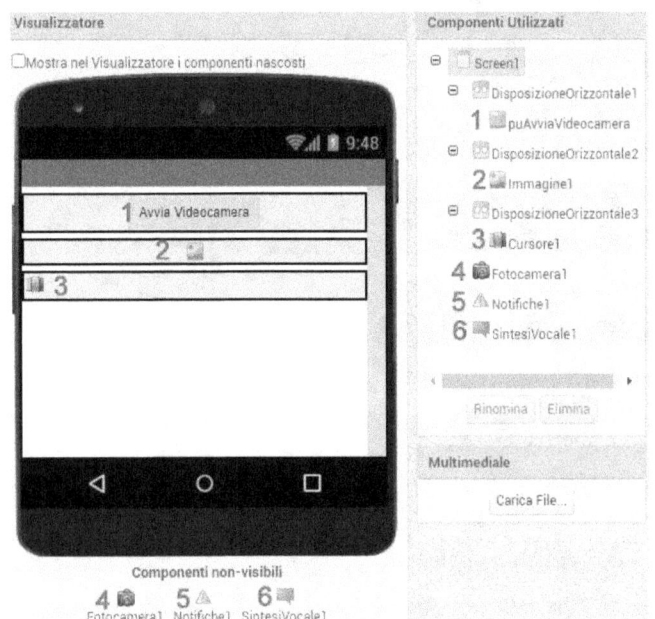

1)Pulsante avvio fotocamera
2)Contenitore immagine, in questo contesto della foto scattata.
3)Cursore per cambiare dimensione all'immagine
4)Fotocamera
5)Notifiche per messaggio testo di foto scattata
6)Sintetizzatore vocale per messaggio vocale di foto scattata

Pulsante puAvviaVideocamera (1), al click lancia il codice contenuto nel blocco esegui.Fotocamera1.ScattaFoto (A) mettendo in funzione la fotocamera.

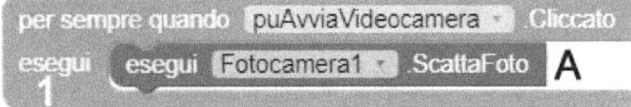

Blocco "per sempre quando" Fotocamera1.ScattataFoto(B), va in esecuzione quando la foto è stata scattata ed accettata dall'utente.

Volendo permettere al codice di recuperare la foto scattata occorre fare click sul termine "immagine" (D) ed estrarre il blocco che recupera la foto scattata assegnandolo (D1) al componente immagine1.immagine(2).

I blocchi così assemblati permettono di mostrare la foto sul display.

Segue lancio del blocco SintesiVocale1.PronunciaTesto(6) che esegue il contenuto del blocco testo(E).

Nel blocco testo(E) deve essere digitato il messaggio vocale.

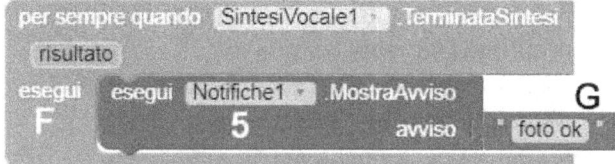

Blocco "per sempre quando" TerminataSintesi1.TerminataSintesi, va in esecuzione al termine del messaggio vocale(E) nell'immagine precedente.

L'uso di questo blocco è necessario per non sovrapporre il messaggio vocale con quello testuale.

Viene eseguito il componete Notifiche1.MostraAvviso(5) che sul display scrive il contenuto del blocco di testo(G).

Nel blocco testo(G) deve essere digitato il messaggio da far comparire.

Componete "per sempre quando" Corsore1.PosizioneCambiata(3), spostando il cursore viene cambiato il valore corrispondente alla posizione.

Il valore del componente cursore si trova nel contenitore posizionePollice(H), occorre fare click su questo prelevando la barra contenete il valore incastrandola(H1) in Immagine1.LarghezzaPercentuele(2).

Al cambiare del valore in Corsore1.PosizioneCambiata(3) viene modificata la dimensione dell'immagine.

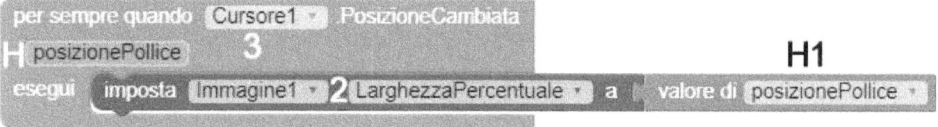

SintesiVocale (TextToSpeech)

Componente non visibile, permette al dispositivo di parlare in varie lingue, italiano compreso.

Il software può distinguere la zona geografica all'interno dello stesso idioma (es. inglese USA da Gran Bretagna oppure da Nigeria o Australia).

Per cambiare il linguaggio devono essere utilizzati i codici concernenti ciascun idioma/paese.

La proprietà utilizza codici di 3+3 lettere per specificare lingua e varianti linguistiche nazionali.

Ad esempio, per la lingua inglese il codice è eng, per le varianti AUS=australia e USA=statunitense.

Le lingue e i paesi disponibili dipendono dal dispositivo specifico e possono essere elencati con le proprietà LingueDisponibili (AvailableLanguages) e PaesiDisponibili (AvailableCountries).

- **TextToSpeech** : Imposta l'altezza del tono della voce.
  I valori dovrebbero essere compresi tra 0 e 2 dove valori più bassi abbassano il tono della voce sintetizzata e valori maggiori lo alzano.
  Il valore predefinito è 1.0.
- **VelocitaParlato** : (SpeechRate), imposta la velocità della voce durante la dizione.
  I valori dovrebbero essere compresi tra 0 e 2.
  Valori più bassi rallentano la velocità e valori maggiori lo accelerano.
  Il valore predefinito è 1.0.

App_18SintesiVocale

L'App gestisce le lingue italiana (ita-ITA), inglese statunitense (eng-USA), tedesca (DEU-DEU), francese (fra-FRA) e spagnola (spa-ESP) selezionabili usando il componente SelettoreLista.
In un componente CasellaDiTesto è possibile digitare del testo in una delle lingue citate, al click su di un pulsante è possibile udirne la lettura.
Per mezzo di due componenti Cursore (Alzo e VelocitaParlato) è possibile variare tono(altezza) e velocità.

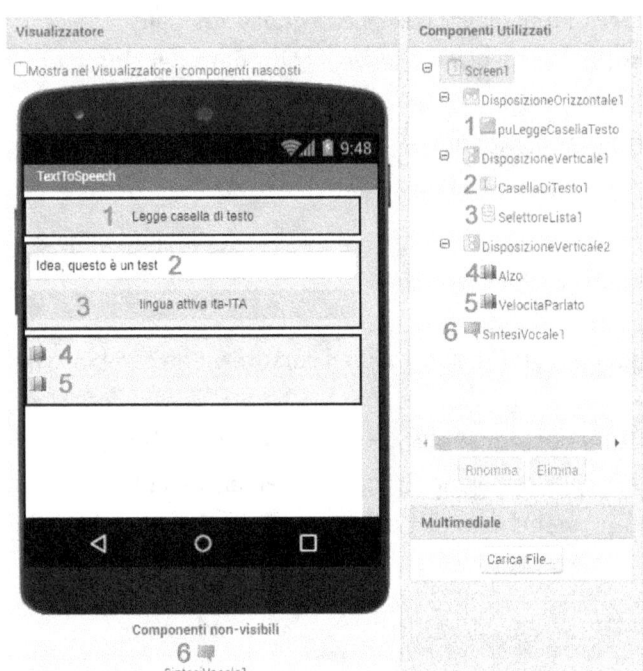

1)Pulsante al cui click permette di udire quanto contenuto nel componete CasellaDiTestro(2)
2) CasellaDiTestro dove scrivere testo nella lingua desiderata
3)SelettoreLista, fra i quali scegliere la lingua. proprietà ElementiDaStringa:
ita-ITA,eng-USA,DEU-DEU,fra-FRA,spa-ESP
4)Cursore per tono (altezza) della voce
5)Cursore per velocità del discorso
Le proprietà dei componenti Cursore (4 e 5) sono: ValoreMax: 2 - ValoreMin:0
PosizioneCursore:1 (default)
6)Sintetizzatore vocale

In avvio dell'App va in esecuzione il blocco Screen1.inizializza rendendo attiva la nazione(6) e lingua(6) italiana, la sigla della nazione deve essere contenuta digitata in blocchi testo(B).

SelettoreLista1.TerminataSelezione(3) permette di scegliere/cambiare la lingua da utilizzare.
In SelettoreLista1.Testo, lingua attiva(3a), l'utente sceglie la lingua attiva(3b).
Dalla voce/lingua scelta, usando il blocco testo "segmenta testo"(S) sono estratti i gruppi di 3 lettere per Lingua(B) tre lettere dalla posizione 1, Nazione(C) tre lettere dalla posizione 5 dalle stringhe.
SintesiVocale1.Lingua(6a), SintesiVocale1.Nazione(6b)
Pronuncia il SintesiVocale1.PronunciaTesto(6c), testo che è contenuto in CasellaDiTesto1.Testo(2)

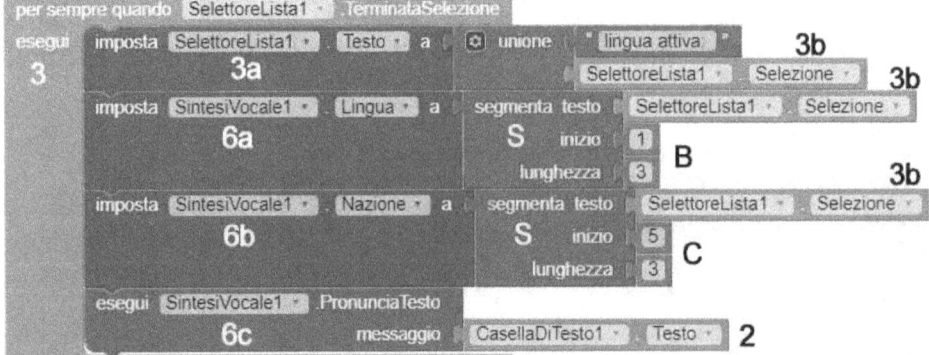

Pulsante(1), al click con SintesiVocale(6) legge il contenuto di CasellaDiTesto1.Testo(2)

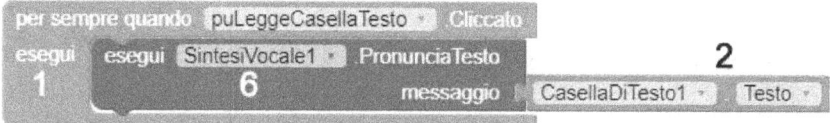

Cursore Alzo.PosizioneCambiata(4), riceve in posizionePollice(D) il valore corrente del cursore poi assegnato al componente SintesiVocale.Alzo(6)

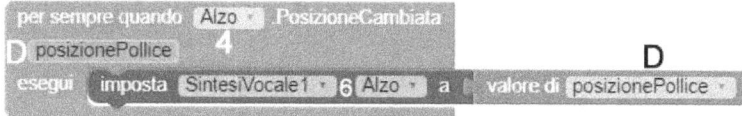

Cursore VelocitaParlato(5), riceve in posizionePollice(E) il valore corrente del cursore poi assegnato al componente SintesiVocale.Parlato(6)

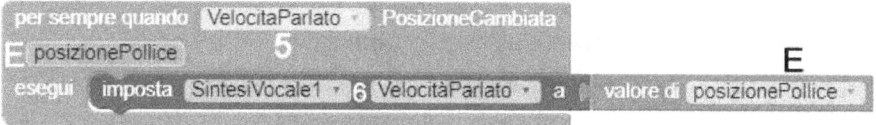

Videocamera (Camcorder)

Componente non visibile senza proprietà ne opzioni personalizzabili, permette di registrare video utilizzando la videocamera del dispositivo.

A termine registrazione il video è disponibile nella galleria del dispositivo.

Dopo che il video è stato registrato e salvato, percorso e nome del file sono disponibili come argomento nell'evento TerminataRegistrazione (AfterRecording).

Percorso e nome può essere usato per impostarne l'origine nel componente RiproduttoreVideo.

App-19Videocamera

Lanciata l'applicazione, al click sul pulsante, può essere avviata la videocamera del dispositivo.

La videocamera ha tutte le funzioni a corredo del dispositivo usato.

Occorre premere il pulsante "Registra", di norma rosso, iniziando l'acquisizione, al termine salvare.

Al termine nome e percorso compaiono nell'etichetta in alto.

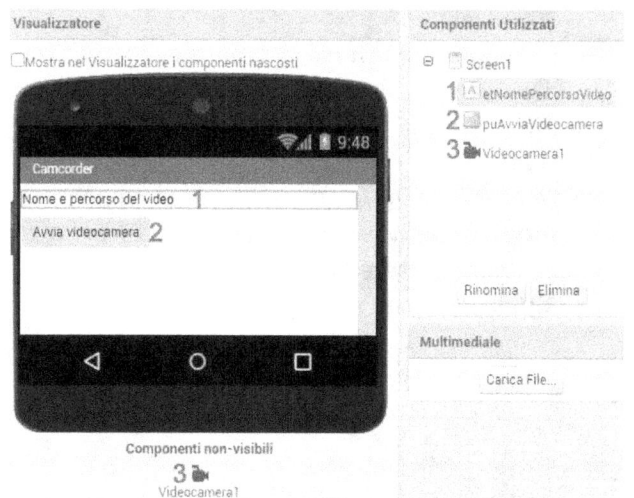

1)Etichetta che a termine registrazione conterrà percorso e nome del file
2)Pulsante per avviare la videocamera
3)Videocamera

Pulsante(2), al click avvia la videocamera del dispositivo(3).

Videocamera1.TerminataRegistrazione (3).

Nome e percorso del video si trovano nel contenitore "filmato", va fatto click su esso e prelevare la barra contenete il nome ed incastrarla all'Etichetta etNomePercorsoVideo.Testo(1)

PlayerVideo (VideoPlayer)

Componente multimediale non visibile, permette di riprodurre video.

I video possono essere caricati nelle App e poi impostare l'origine per la riproduzione.

In alternativa è possibile impostare l'origine del video ad un indirizzo Internet.

L'indirizzo deve essere al reale file video e non ad un applicativo che lo riproduca.

Il PlayerVideo è visualizzato sullo schermo come un rettangolo, se durante la riproduzione viene toccato appaiono i controlli per avviare/mettere in pausa, saltare in avanti e all'indietro nel filmato.

I file video supportati ad oggi (2021) sono Windows Media Video (.wmv), 3GPP (.3gp) ed MPEG-4 (.mp4).

App Inventor permette solo file inferiori a 1 MB e limita la dimensione totale di un'applicazione a 5 MB.

Allo scopo di raggiungere i valori ammessi può essere necessario utilizzare software di elaborazione video che riducono le dimensioni ricodificando i video in formato compatto.

App_20PlayerVideo

Permette di avviare un video precedentemente caricato nella App.

Una volta avviato è visibile la durata in millisecondi ed è possibile metterlo in pausa, tutto schermo e cambiarne le dimensioni sia in orizzontale che in verticale.

1)Pulsante, avvia il PlayerVideo
2)Pulsante, mette in pausa il video
3)Etichetta che riporta la durata video in millisecondi
4)Pulsante per mettere il video a tutto schermo
5)PlayerVideo, Proprietà: Altezza e larghezza 100 pixel
6)Cursore che cambia la dimensione larghezza del video
7)Cursore che cambia la dimensione altezza del video
Le proprietà dei componenti Cursore (6 e 7) sono: ValoreMax: 200 - ValoreMin:10
PosizioneCursore:100 (default)
8)Video caricato nell'App

All'avvio va in esecuzione il blocco Screen1.inizializza(A) ed inizializza VideoPlayer.Sorgente(5).

Il nome del clip è assegnate con una barra testo contenete nome ed estensione(B) VideoProva.mp4

Pulsante puAvviaPlayer(1), al click avvia il player con la barra VideoPlayer.Avvia(5).

La barra testo(C) contiene il titolo "Durata in millisecondi" mentre il valore numerico della durata del video si trova in VideoPlayer.OttineiDurata(5a)

Entrambi sono assegnati, usando un blocco testo "unione" all'etichetta etDurata.Testo(3).

Pulsante puPausa(2), al click mette in pausa il player con la barra VideoPlayer.Pausa(5).

Pulsante puTuttoSchermo(4), al click mette a tutto schermo il video.

Per farlo viene assegnato il valore booleano vero (D) al blocco VideoPlayer.SchermoIntero(5).

Cursore larghezza.PosizioneCambiata(6), rileva in posizionePollice(E) il valore corrente del cursore poi assegnato al blocco VideoPlayer. Larghezza.

Cursore larghezza.PosizioneCambiata(7), rileva in posizionePollice(F) il valore corrente del cursore poi assegnato al blocco VideoPlaye.Altezza.

SelettoreImmagine (ImagePicker)

Componente simile ad un pulsante, all'evento click su di esso compare una galleria di immagini memorizzate sul dispositivo permettendo all'utente di selezionarne.

I formati immagine ammessi sono jpg, png, gif.

Se la galleria contiene più cartelle, ogni cartella è mostrata come icona riproducente una delle immagini contenute, al click su questa viene mostrato il contenuto grafico della cartella.

Una volta fatta la scelta è possibile recuperare nome e percorso dell'immagine.

Avvalendosi di questo componente è possibile selezionare qualsiasi immagine contenuta nel dispositivo e quindi utilizzarla in elaborazioni delle App.

Per esempio App dove l'utente ha la possibilità di cambiare l'immagine sui pulsanti, lo sfondo di un gioco, oppure applicare un qualche effetto grafico alle immagini.

App_21SelettoreImmagine

L'App consente visualizzazione delle immagini contenute nel dispositivo e sceglierne una.
Una volta scelta, essa è in memoria ma non visibile, quindi utile per una elaborazione più complessa.
L'immagine può essere vista al click sul pulsante "vedi immagine", in questo caso vengono mostrate a video dimensioni e percorso nel dispositivo.
L'immagine viene assegnata al componete Immagine ma potrebbe essere un qualunque altro componente predisposto a ricevere supportare immagini (pulsanti, etichette eccetera).

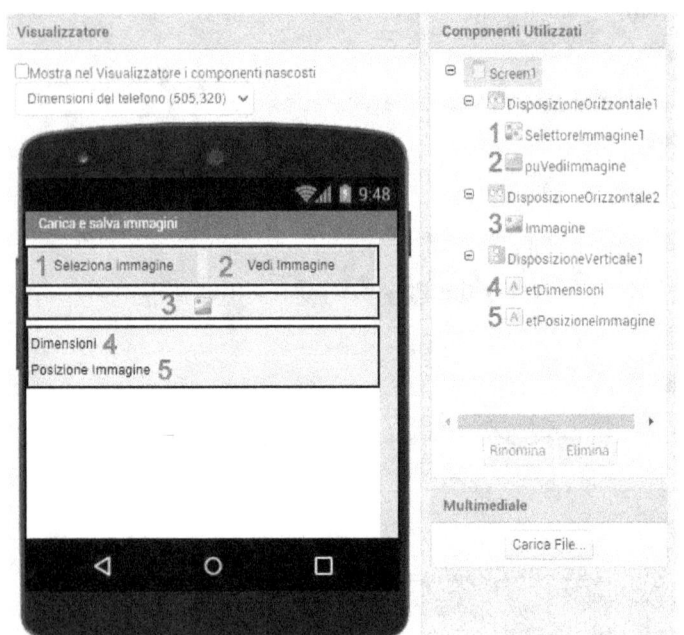

1)SelettoreImmagine, al click mostra le immagini contenute nel dispositivo
2)Pulsante, al click mostra l'immagine selezionate dal componete(1)
3)Immagine, contenitore dell'immagine selezionata dal componente (1) e mostrata al click sul componente (2)
4)Etichetta, mostrerà le dimensioni dell'immagine
5)Etichetta, Percorso dell'immagine nel dispositivo.

Vengono dichiarate due variabili globali testo, dimensione(A) conterrà le dimensioni dell'immagine, immagine(B) conterrà l'immagine vera e propria.
Le due variabili sono necessarie perché i valori letti nel blocco SelettoreImmagine1.TerminataSelezione(1) non sono visibili al di fuori di esso.
Per ovviare a questa limitazione, terminata la selezione, i valori vengono assegnati a queste variabili.

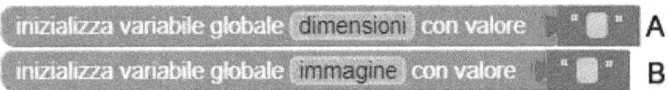

Dopo il click sul componente SelettoreImmagine.TerminataSELezione(1) i valori vengono assegnati alle variabili: immagine(B) il percorso dell'immagine nel dispositivo da SelettoreImmagine1.Selezione(1a), alla variabile dimensioni(A) i valori di Larghezza da SelettoreImmagine1.Larghezza(1b) e Altezza da SelettoreImmagine1.Altezza(1b) (impiegando un blocco di testo unione U).

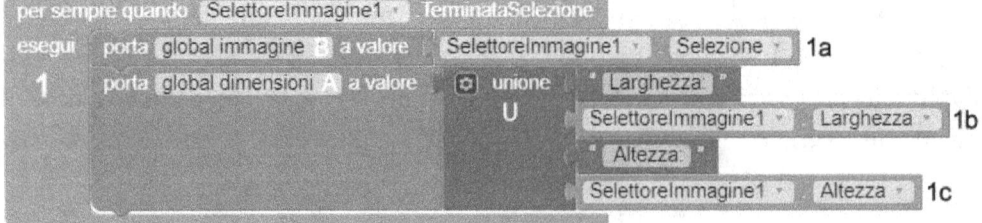

Pulsante puVediImmagine(2), al click mostra sul display l'immagine selezionata.

Il pulsante puVediImmagine.cliccato(2) contiene il blocco di controllo se ... allora ... altrimenti.

Questo metodo permette di testare l'esistenza del riferimento ad un'immagine evitando errori.

- **se**: testa in (D) se la variabile immagine(B) è vuota.
  Con esito positivo vanno in esecuzione i blocchi in
    - **allora** etPosizioneImmagine.Testo(5) dove al posto delle dimensione immagine è inserito il testo "Nessuna immagine in memoria".
  Con esito negativo vanno in esecuzione i blicchi in **altrimenti**(C)
- **altrimenti** (C): la variabile immagine(B) NON è vuota, vanno in esecuzioni i blocchi qui contenuti.
  Al blocco Immagine.Immagine(3) viene assegnato il percorso all'immagine nel dispositivo contenuto nella variabile globale immagine(B).
  Essendo il percorso permette di visualizzare l'immagine sul display.
  All'Etichetta etDimensioni.Testo(4) sono assegnate le dimensioni contenute nella variabile dimensioni(A)
  all'Etichetta etPosizioneImmagine.Testo (5) viene assegnato come testo le dimensioni dell'immagine.

La variabile immagine(B) produce risultati diversi i funzione del blocco al quale il suo valore è assegnato. Nel blocco Immagine.Imamgine (3) visualizza l'immagine, nel blocco etPosizioneImmagine.Testo (5) visualizza il suo percorso.

Dopo il click sul componente SelettoreImmagine1(1) e prima di TerminataSelezione va in esecuzione il blocco SelettoreImmagine1.InizioTocco(1b) nel cui interno vengono cancellati i valori della selezione precedente, da Immagine. Immagine (3), edDimensioni.Testo(4) ed etPosizioneImmagine.Testo(5).

Suono (Sound)

Componente non visibile riproduce file audio e facoltativamente fa vibrare il dispositivo per una quantità di tempo programmabile ed esprimibile in millisecondi.

Simile al componente Lettore (Player), dispone di una quantità minore di metodi (es. volume del suono).

Utile per la riproduzione di brevi effetti sonori, supporta i più comuni formati audio (mp3, wav eccetera).

Per un elenco dei formati supportati http://developer.android.com/guide/appendix/media-formats.html

App_22Suono

Nell'App sono state caricate tre immagini e tre suoni di animali nel formato mp3, cane, gatto e leone.

Al click sul componente SelettoreLista l'utente può scegliere una di queste tre voci.

Una volta fatta la scelta l'immagine dell'animale questo visibile sul display nel componente Immagine.

Dal dispositivo verrà emesso il suono caratteristico dell'animale mentre il dispositivo vibra.

Impiegando un componente Cursore è possibile modificare durata di suono e vibrazione.

Se la lunghezza del file sonoro è inferiore al tempo richiesto, il suono terminerà anzitempo.

1)SelettoreLista per immagine e suono dell'animale

2)Componente Immagine dove verrà posta l'immagine selezionata con il SelettoreLista(1)

3)Cursore per stabilire il tempo di durata per vibrazione e suono

Le proprietà del component Cursore (3) sono:

ValoreMax: 3000 (3 secondi) - ValoreMin:50

PosizioneCursore: 500 (default, mezzo secondo)

4)Etichetta, mostrerà secondi e decimi di secondo della durata fissata.

5)Componente Suono

6)Immagini degli animali e suoni che ciascuno emette già caricati nell'App

VUOTA.png se nessun animale è selezionato, serve a preservare esteticamente lo spazio immagine sul display.

Viene creata una variabile globale animali(A), ed una lista con "crea lista"(Z) contenete i nomi degli animali(B). La lista viene assegnata alla variabile animali.

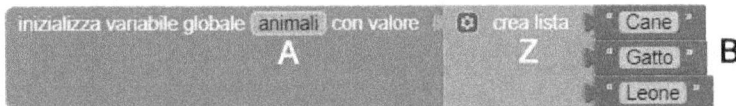

Viene dichiarata la variabile globale tempo(C) alla quale viene assegnato il valore 500 millisecondi.

Terrà memoria della posizione/valore del Cursore(3) relativi a durata di suono e vibrazione.

`inizializza variabile globale (tempo) con valore  500` C

All'avvio va in esecuzione il blocco Screen1.Inizializza(D), viene assegnata la lista animali(A) al SelettoreLista1.Elementi(1) e l'immagine VUOTA.png(E) al componente Immagine(2).

Questa assegnazione ha lo scopo di preservare esteticamente lo spazio immagine sul display.

```
per sempre quando  Screen1  .Inizializza
esegui   imposta  SelettoreLista1 . 1 Elementi .  a   valore di global animali .   A
 D       imposta  Immagine1 . 2 Immagine .  a   " VUOTA.png "   E
```

SelettoreLista1.TerminataSelezione(1), al click sul selettore l'utente scegli il nome dell'animale, di fatto selezionandone la posizione cioè il suo ID (che inizia dal valore 1).

Al termine della scelta vanno in esecuzione i blocchi contenuti all'interno.

Al blocco Suono1.sorgente(5), impiegando un blocco testo "unione", è assegnato con SelettoreLista1.Selezione(A1) il nome scelto quindi, con un blocco testo, aggiunta l'estensione .mp3 costituendo il nome del file audio caricato nell'App(6)

Al componente Immagine1.Immagine (2), impiegando un blocco di testo "unione" viene assegnato il nome scelto con SelettoreLista1.Selezione(A1) ed aggiunta, con un blocco testo, l'estensione .png costituendo il nome del file grafico caricato in precedenza(6).

(Nei blocchi testo è indispensabile il punto prima delle estensioni mp3 e png)

Viene riprodotto il suono(5a) precedentemente assegnato al blocco Suono1.Sorgente(5).

Viene fatto vibrare il dispositivo (5b) per il valore/tempo contenuto nella variabile tempo(C).

Cursore Tempo.PosizioneCambiata(3), al cambio di posizione cambia il valore.

Il valore del Cursore si trova nel contenitore posizionePollice(H), va fatto click questo, prelevata la barra contenete il valore ed incastrarla(H1) nella variabile tempo(C) determinando durata di suono e vibrazione.

All'Etichetta etSecondi.Testo(4) è assegnato il valore numerico del tempo di esecuzione.

Il tempo è diviso per 1000 in modo da mostrarlo sul display in secondi e non in millisecondi.

Lettore (Player)

Componente multimediale riproduttore suoni, può anche far vibrare il dispositivo per una quantità di tempo programmabile.

Simile al componente Suono (Sound), dispone di una quantità maggiore di metodi, è quindi adatto alla riproduzione di file audio di moderata lunghezza.

Il nome del file audio deve essere indicato nella proprietà Sorgente in ambiente Progettazione o Blocchi.

Il tempo di esecuzione di una vibrazione, in millisecondi, deve essere impostato in ambiente Blocchi.

Il suono può essere generato con ciclo infinito, oppure concluderlo al termine di un brano.

Supporta i più comuni formati audio (mp3, wav eccetera). Per un elenco dei formati supportati

http://developer.android.com/guide/appendix/media-formats.html

App_23Lettore

Nell'App sono stati caricati 4 file audio di inni nazionali (formato mp3) e 4 immagini delle rispettive nazioni.

Al click sul PlayList (SelettoreLista) l'utente può scegliere un inno.

Una volta fatta la scelta l'immagine della bandiera sarà visibile sul display nel componente Immagine, allo stesso tempo, dal dispositivo, verrà emesso il suono dell'inno.

Con un componente Cursore è possibile variare il volume dell'audio.

Al click su di un pulsante che funge da interruttore con i classici simboli (|> e ||) l'audio può essere fermato e se fermo fatto ripartire da quel punto.

Al click su di un pulsante Stop, l'audio può essere fermato, in questo caso facendo click sul pulsante col simbolo (|>) il suono ripartirà dall'inizio del brano.

Al click su di un pulsante che funge da interruttore riportante il testo In loop oppure No Loop l'audio può essere riprodotto all'infinito oppure farlo terminare a fine esecuzione del brano.

1)SelettoreLista per scegliere inno e immagine
In SelettoreLista proprietà, sono assegnati i nomi degli inni: Inno Europeo, Inno Italiano, Inno Francese, Inno Inglese
2)Componente Immagine che accetterà l'immagine della bandiera corrispondente all'inno
3)Cursore per variare il volume dell'audio
Le proprietà dei componenti Cursore (3) sono:
ValoreMax: 100 - ValoreMin:0
PosizioneCursore: 50 (default, mezzo secondo)
4)Etichetta, mostrerà il valore del volume audio
5)Pulsante interruttore Paly/Stop
6)Pulsante Stop
7)Pulsante Loop/ No loop
8)Componente Lettore
9)File mp3 per gli inni musicale e file png per file grafici delle bandiere.
A numero uguale corrispondono stesso inno e bandiera.
VUOTA.png ha lo scopo di preservare esteticamente lo spazio immagine sul display.

All'avvio dell'App va in esecuzione il blocco Screen1.Inizializza(A).

Nel blocco Lettore1.Volume viene impostato il volume a 50 (8a),

scritto lo stesso valore 50 nell'Etichetta etVolume.Testo (8b) e

reso il pulsante puPlayPause.Testo (5) senza intestazione perché nessun brano è stato selezionato.

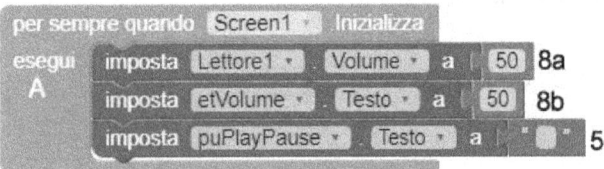

Al click sul componente SelettoreLista1.TerminataSelezione(1) il valore ID selezionato viene assegnato ai componenti Immagine1.Immagine(2) e Lettore1.Sorgente(8).

Utilizzando il blocco testo "unione"(B) è aggiunta l'estensione png(C) al blocco Immagine1.Immagine (2) e audio mp3(D) al blocco Lettore1.Sorgente(8).

Il testo del pulsante puPlayPause.Testo(5) viene settato su || (E), predisponendolo alla eventuale richiesta di una pausa durante la riproduzione.

Il brano va immediatamente in esecuzione con il blocco Lettore1.avvia(8).

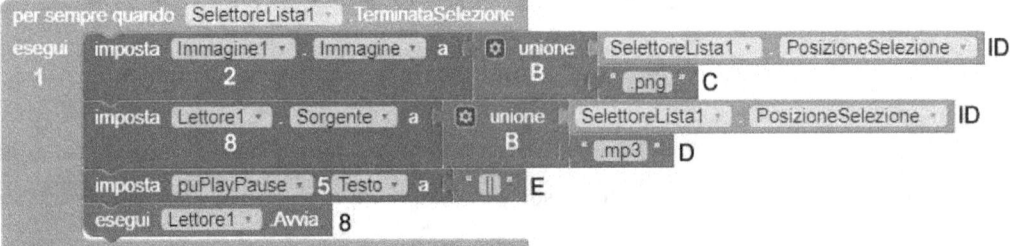

Pulsante puPlayPause.Cloccato(5), una volta che il brano è in esecuzione funge da interruttore per fermarlo e farlo ripartire del punto dove è stato fermato.

All'evento click sul pulsante va in esecuzione il blocco se ... allora ... altrimenti(F).

- **se**: verifica se il lettore è in esecuzione testando il blocco Lettore1.StaRiproducendoSuono(8a), se vero(G) (esito positivo) vanno in esecuzione i blocchi contenuti in allora.
  allora: mette in pausa il lettore(8b) e cambia il testo sul pulsante(5) in |> (play) in modo da preparare il proseguimento del brano.
- **altrimenti**: vero(G) (esito negativo) prosegue il brano che era fermo (8c) e cambia il testo sul pulsante(5) in || (stop) in modo da preparare il prossimo eventuale stop.

Pulsante puStop.Cliccato(6), al click va in esecuzione il blocco Lettore1.Stop(8d) fermando il brano in esecuzione, viene cambiato il testo sul pulsante puPlayPause.Testo(5) preparando il riavvio del brano.

Pulsante puLoop.Cloccato (7), funge da interruttore per far ripetere il brano in esecuzione all'infinito oppure, una volta giunto al termine, vare in modo che si fermi.
Per farlo, al click va in esecuzione il blocco se ... allora ... altrimenti(H).

- **se** : verifica se il Ciclo Loop è attivo testando il blocco Lettore.Ciclo(8e), se vero(L) (esito positivo) vanno in esecuzione i blocchi contenuti in allora.
  allora: mette il ciclo infinito su falso, fermandolo (8f) e, usando un blocco testo, cambia il testo sul pulsante puLoop.Testo(7) in "No loop".
- **altrimenti**: lancia il ciclo infinito mandando in esecuzione il blocco Lettore1.Cicolo(8g) assegnando vero e, usando un blocco testo ,cambia il testo sul pulsante puLoop.Testo(7) con "In loop".

Cursore Volume.PosizioneCambiata(3), al cambio di posizione muta il proprio valore il quale può essere recuperato in posizionePollice(H).
Il valore in posizionePollice(H) è assegnato al blocco Lettore1.Volume(8h) cambiandolo, ed all'Etichetta etVolume.Testo(4) mostrandolo sul display.

RegistratoreSuoni (SoundRecorder)

Componente multimediale non visibile che permette di registrare salvare e riascoltare file sonori.

App_24RegistratoreSuoni

In questa App i nomi dei file sonori da registrare e salvare devono essere scelti dal SelettoreLista (slNomeRegistra/Scelta nome file da registrare) e la riproduzione dei suoni devono essere scelti dal SelettoreLista (slNomeAscolta/Scelta nome file da ascoltare).
I SelettoreLista, slNomeRegistra e slNomeAscolta contengono le stesse voci in modo da evitare errori di battitura dei nomi dei file che potremmo avere utilizzando un componente CasellaDiTesto.
Una volta fatta la scelta del nome, premere il pulsante Registra iniziando la registrazione vera e propria.
Il pulsante Ferma Registrazione permette di fermarla.
Terminata registrazione, il file audio è salvato automaticamente per mezzo del componente TinyDB con il nome (Tag) scelto dal Selettore Lista (slNomeRegistra/Scelta nome file da registrare).
Una registrazione con nome già usato sovrascrive la precedente.
Le registrazioni sono riprodotte utilizzando il componente Player.

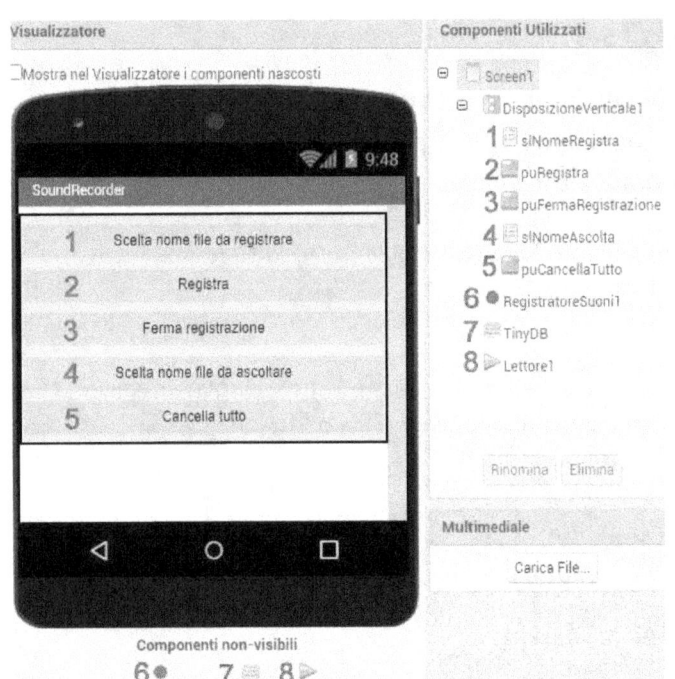

1) SelettoreLista (slNomeRegistra / Scelta nome file da registrare)
2)Pulsante, avvia la registrazioen
3)Pulsante, ferma la registrazione e salva il file sonoro con il nome scelto in SelettoreLista (slNomeRegistra / Scelta nome file da registrare) (1)
4) SelettoreLista (slNomeAscolta / Scelta nome file da ascoltare).
5)Pulsante, cancella tutti i file registrati
6)Registratore suoni
7)TinyDB
8)Lettore audio

Viene dichiarata la variabile globale NomiRegistrazione(A) che conterrà i nomi delle future registrazioni.
Nomi saranno assegnati ai componenti SelettoreLista (1 e 4)

 A

In avvio va in esecuzione il blocco Screen1.inizializza(B), al suo interno viene assegnato il contenuto della variabile NomiRegistrazione(A) ai SelettoreLista slNomeRegistra.ElementiDaStringa(1) e slNomeAscolta.ElementiDaStringa(4).

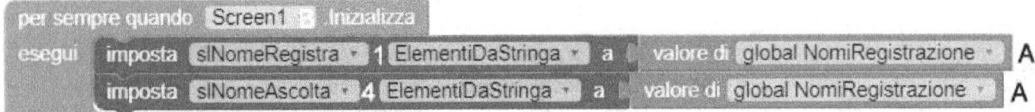

Nel SelettoreLista slNomeRegistra.TerminataSelezione(1) viene scelto/selezionato il nome del file che identificherà il suono registrato (1a)

per sempre quando [slNomeRegistra] .TerminataSelezione   **1a**
esegui   imposta [slNomeRegistra] . Testo . a [slNomeRegistra] . Selezione
1

Pulsante puRegistra.Cliccato(2), al click avvia registrazione con il blocco RegistratoreSuoni1.Avvia(6),

per mezzo di un blocco testo scrive sul pulsante puRegistra.Testo(2c) "sto registrando"(T1),

abilita il pulsante puFermaRegistrazione.Abilitato(3) assegnandole il valore booleniano "vero" (V1).

per sempre quando [puRegistra] .Cliccato
esegui   esegui [RegistratoreSuoni1] .Avvia **6**
2   imposta [puRegistra] **2c** Testo . a [" Sto registrando "] **T1**
         imposta [puFermaRegistrazione] **3** Abilitato . a [vero] **V1**

Pulsante puFermaRegistrazione.Cliccato(3),

al click la registrazione viene fermata con il blocco RegistratoreSuoni1.Stop(8),

è reimpostato il testo del pulsante puRegistra.Testo su "Registra"(2d) al posto di "Sto registrando"(T2),

è disabilitato il pulsante puFermaRegistrazione.Abilitato(3c) assegnando il valore booleniano "falso"(V2),

è reimpostato il nome sul SelettoreLista slNomeRegistra.Testo(1f): "Scelta nome file da registrare"(T3)

per sempre quando [puFermaRegistrazione] .Cliccato
esegui   esegui [RegistratoreSuoni1] .Stop **8**
3   imposta [puRegistra] **2d** Testo . a [" Registra "] **T2**
         imposta [puFermaRegistrazione] **3e** Abilitato . a [falso] **V2**
         imposta [slNomeRegistra] **1f** Testo . a [" Scelta nome file da registrare "] **T3**

A fine registrazione va in esecuzione il blocco RegistratoreSuoni1.TerminataRegistrazione(6),

il suono è recuperabile all'interno del contenitore "suono"(G), con un click su questo viene prelevata la

barra "suono" ed assegnata a TinyDB.MemorizzaValore(7) incastro valoreDaMemorizzare(G).

L'etichetta per TinyDB prende il nome scelto in SelettoreLista slNomeRegistra.Selezione(1a)

per sempre quando [RegistratoreSuoni1] .TerminataRegistrazioneSuono
G suono
esegui   esegui [TinyDB] .MemorizzaValore   **1a**
6   **7**   etichetta [slNomeRegistra] . Selezione
                    valoreDaMemorizzare [valore di suono] **G**

A questo punto si presuppone che sia stata fatta almeno una registrazione.

Con SelettoreLista slNomeAscolta.TermineSelezione (4), viene scelto il nome (1a) del suono da riprodurre.

Il nome scelto viene usato dal blocco TinyDB.OttieniValore (7) come etichetta (1a) nella lettura del file.

Nel caso il file non esista con un blocco testo, TinyDB scrive il messaggio "no file in memoria"(T4) seguito

dal nome del file non trovato(1a).

Il nome scelto viene poi assegnato al blocco Lettore1.Sorgente(8) come sorgente sonora.

In ultimo con il blocco Lettore1.Avvia (8a) viene avviata la riproduzione.

per sempre quando [slNomeAscolta] .TerminataSelezione
esegui   imposta [slNomeAscolta] . Testo . a [unione " Audio registrato di: "]
4   **4a**   [slNomeAscolta] . Selezione **1a**
         imposta [Lettore1] . Sorgente . a   esegui [TinyDB] .OttieniValore
         8   **7**   etichetta [slNomeAscolta] . Selezione **1a**
                                                        valoreSeEtichettaNonPresente [unione " no file in memoria: " **T4**]
                                                                                    [slNomeAscolta] . Selezione **1a**
         esegui [Lettore1] .Avvia **8a**

A fine riproduzione del file sonoro va in esecuzione il blocco Lettore1.RiproduzioneCompletata(8), viene reimpostato il testo "Scelta nome file da ascoltare"(T5) sul SelettoreLista slNomeAscolta.Testo(4).

per sempre quando   Lettore1 ▾ .RiproduzioneCompletata
esegui   imposta slNomeAscolta ▾ 4 Testo ▾ a   " Scelta nome file da ascoltare " T5
8

Pulsante puCancellaTutto.InizioTocco(5), al click cancella tutti i file sonori memorizzati con TinyDB(7)

per sempre quando   puCancellaTutto ▾ .InizioTocco
esegui   esegui TinyDB ▾ .CancellaTutto 7
5

RiconoscitoreVocale (SpeechRecognizer)

Componente non visibile per il riconoscimento cocale e convertire il parlato in testo.

App_25RiconoscitoreVocale

Al click sul pulsante "Attiva input voce" viene avviato il riconoscimento vocale.
Una volta attivato tutte le frasi e parole che il componete RiconoscimentoVocale riesce ad intercettare viene convertito in testo e assegnato ad un componente CasellaDiTesto.
Su non usato, cioè nessuno parla, dopo una breve pausa il riconoscimento vocale cessa.
Il testo contenuto nel componente CasellaDiTesto può essere a suo colta ascoltato utilizzando il componente SintesiVocale.

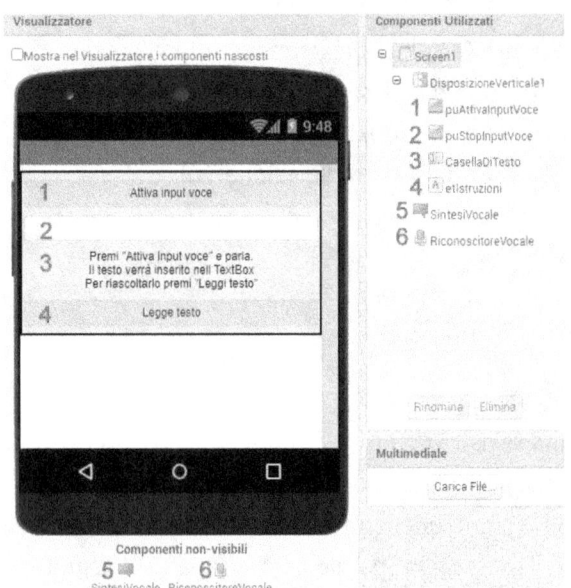

1)Pulsante che attiva il riconoscimento vocale.
2)CasellaDiTesto dove il componente RiconoscimentoVocale scrive il testo riconosciuto
3)Etichetta contenete istruzioni d'uso per l'App
4)Legge il testo contenuto nella CasellaDiTesto(2)
5)Componente SintesiVocale
6)Componente RiconoscimentoVocale

In avvio va in esecuzione blocco Screen1.Inizializza(A), con barre testo(T1), viene settato per la lingua italiana il componente SintesiVocale.Nazione(6a) e SintesiVocale.Lingua(6b).
Necessario per la lettura del testo intercettato dal Riconoscitore vocale(6) e salvato nel componete CasellaDiTesto(2), nel caso non sia in lingua italiana cambiare i parametri Nazione e Lingua (T1).

per sempre quando   Screen1 ▾ .Inizializza
esegui   imposta SintesiVocale ▾ 6a Nazione ▾ a   " ITA " T1
A   imposta SintesiVocale ▾ 6b Lingua ▾ a   " ita "

Pulsante puAtticaVoce.Cliccato(1), al click viene attivato l'Input Vocale, con blocco testo vuoto(T4) viene vuotata la CasellaDiTesto.Testo(3) dove verrà scritto il testo vocale riconosciuto,
viene cambiata la dizione sul pulsante puAttivaInputVoce.Testo(1a) in "Input voce ATTIVATO"(T2),

viene avviato il riconoscimento vocale con il blocco RiconoscimetoVocale.IniziaRiconoscimento(6).

Al termine del riconoscimento vocale va in esecuzione il blocco RiconoscimentoVocale.RiconoscimentoTerminato(B), con un blocco testo(T3) viene cambiata la dizione sul pulsante puAttivaInputVoce.Testo(1a) con "Attiva input voce".

Il risultato del riconoscimento si trova nel contenitore "risultato"(C), va fatto click su esso e prelevare la barra risultato da incastrare in CasellaDiTesto.Testo(2)

Pulsante puLeggeTesto.Cliccato(4), al click, usufruendo del componente SintesiVocale.PronunciaTesto(5) legge il contenuto della CasellaDiTesto.Testo(2) pronunciandone il contenuto.

TraduttoreYandex (YandexTranslate)

Componente non visibile, permette la traduzione di parole e frasi fra lingue diverse.

Imperniato sul servizio di traduzione Yandex, necessita dell'accesso a Internet.

Vedere: http://api.yandex.com/translate/ per le lingue disponibili.

Le traduzioni possono esse fatte con due approcci diversi

1. Fra due lingue specificando origine e destinazione impiegando codici lingua a due lettere, ad esempio "it-es" tradurrà dall'italiano allo spagnolo, mentre "ru-es" tradurrà dal russo allo spagnolo.
2. Impiegando un solo codice (di solito se la lingua di origine è sempre la stessa), il servizio tenterà di individuarla automaticamente, ad esempio specificando solo "en" il servizio tenterà di individuare la lingua di origine e la tradurrà in inglese, solo "es", in spagnolo.

Le traduzioni vengono eseguite in modo asincrono ed in secondo piano.

Quando la traduzione è completa, viene generato l'evento "TraduzioneCompletata".

App_26YandexTranslate

Per semplicità l'App è strutturata per tradurre solo dalla lingua italiana verso tedesco, inglese, spagnolo, francese, russo (cirillico).

Per tradurre è necessario digitare del testo nella CasellaDiTesto(1), quindi fare click sul componete SelettoreLista "Lingua di destinazione" (2), dall'elenco che si apre scegliere la lingua nella quale tradurre.

Al click sul codice/lingua la lista si chiuderà e nell'etichetta "testo tradotto"(3) comparirà la traduzione.

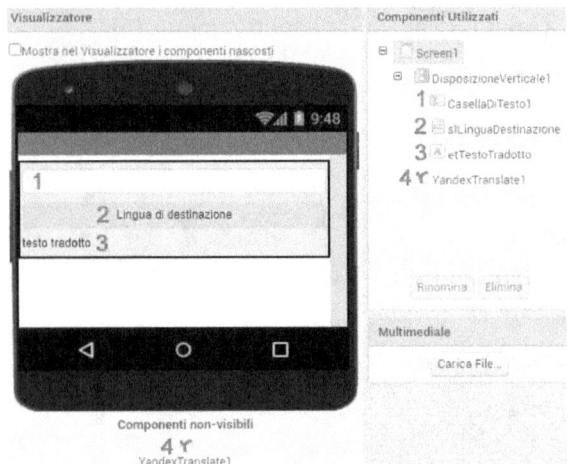

1)Casella di testo dove digitare la frase italiana da tradurre
2)SelettoreLista, slLinguaDestinazione, contenete i codici delle 5 lingue nelle quali è possibile tradurre il testo contenuto in (1).
Il componente può essere programmato per molte più lingue.
3)Etichetta dove sarà inserita la traduzione
4)Componente YandexTranslate

Viene creata una variabile globale lingue(A) che conterrà la lista(L) codici/lingue nelle quali tradurre.

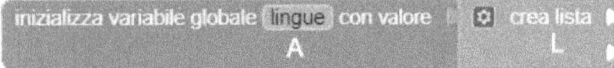

All'avvio va in esecuzione il blocco Screen1.Inizializza(B), viene popolata la lista lingue(A) con i codici delle lingue(C) tedesca, inglese, spagnola, francese e russa.
La popolazione della lista è fatta col blocco "aggiungi elementi alla lista lista" (E), subito dopo la lista lingue(A) contenete i codici delle lingue è assegnata al SelettoreLista, slLinguaDestinazione.Elementi(2).

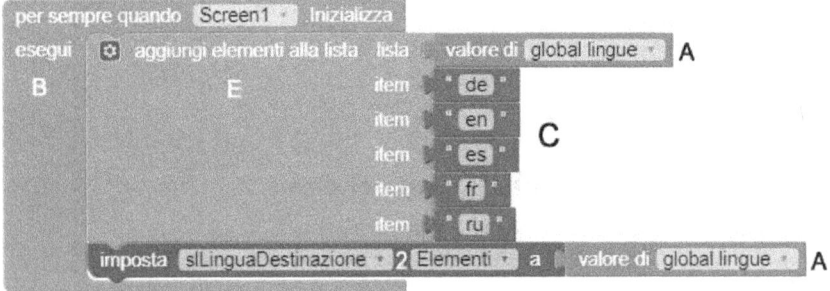

SelettoreLista, slLinguaDestinazione.TerminataSelezione(2), alla scelta della lingua nella quale tradurre il codice/lingua si trova nel blocco slLinguaDestinazione.Selezione(2a).
Il contenuto del blocco slLinguaDestinazione.Selezione(2a) viene assegnato ad YandexTranslate1.RichiediTraduzione nell'incastro "linguaVersoCuiTradurre" (2a).
Il contenuto di CasellaDiTesto1.Testo(1) è assegnato ad YandexTranslate nell'incastro "testoDaTradurre"(1).
La traduzione viene immediatamente eseguita in modo asincrono ed in secondo piano.

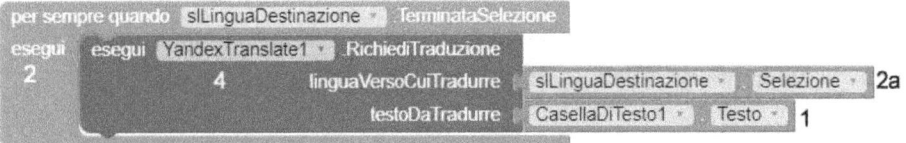

A traduzione terminata va in esecuzione il blocco YandexTranslate.TraduzioneCompletata(4a) con all'interno del contenitore traduzione(D) si trova la traduzione vera e propria.
Per mostrare la traduzione sul display occorre fare click su traduzione(D) incastrando la barra che appare nell'Etichetta etTestoTradotto.Testo(3).

Disegno e animazione

Stage (Canvas)

Tela bidimensionale, può contenere immagini nei formati *.jpg, *.png e *.gif.
Sensibile al tocco permette di disegnare punti, linee, cerchi e muovere componenti ivi contenuti, Palla(Ball) e Sprite(ImageSprite), intercetta eventi quali tocco fra componenti e collisione con i margini dello Stage.

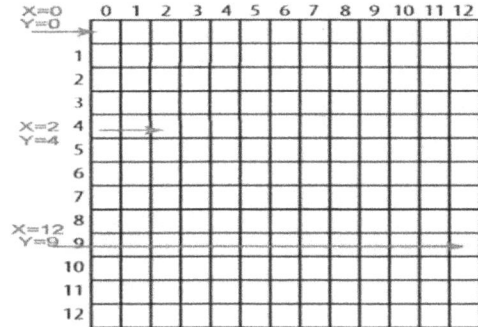

Stage è ripartito di pixel dove ogni pixel è un punto/colore.
Ogni pixel ha una posizione definita da un sistema di coordinate cartesiane X, Y.
X definisce la posizione orizzontale da sinistra a destra.
Y definisce la posizione dall'alto verso il basso.
La cella/pixel, in alto a sinistra inizia con 0 per entrambe le coordinate e quindi rappresentata come (x = 0, y = 0).
Spostandosi verso destra aumenta il valore di X, spostandoci verso il basso diventa più grande Y.

App_27Stage_scrivere_condividere

L'App consente la copia nello Stage di foto contenute nel dispositivo, (se immagini ma non foto può non essere possibile) e scegliere un colore fra Rosso, Verde e Blu per scrivere sulla foto.
Digitare frasi da tastiera e collocarle dove ritenuto più opportuno.
Le immagini possono essere condivise utilizzando altre App installate sul dispositivo: e-mail, WatsApp ecc.
Le foto originali non vengono modificate.

1)Etichetta, colore corrente per la scrittura
2)Pulsante, seleziona il colore Rosso
3)Pulsante, seleziona il colore Verde
4)Pulsante, seleziona il colore Blu
5)Pulsante, cancella quanto scritto sulla foto
6) SelettoreLista, seleziona foto nel dispositivo e la carica nello Stage(8)
7)Pulsante, condivide immagine dello Stage(8)
8)Stage, contenitore di immagini e Sprite
9)Pulsante, scrive testo(10) sull'immagine contenuta nello Stage(8)
10)CasellaDiTesto dove digitare il testo da scrivere sull'immagine.
11)CasellaDiTesto, posizione orizzontale X del testo.
12)CasellaDiTesto, posizione verticale Y del testo.
14)TinyDb, salva l'immagine prima di essere condivisa
15)Condivisione, componente per la condivisione di immagine e dati.

In avvio va in esecuzione il blocco Screen1.Inizializza(A), invoca la procedura SettaColore(B) passandole il colore Rosso, impostando il rosso come colore di default.
Il colore passato alla Procedura contenuto nella variabile x visibile sul blocco.

Per scrivere nello Stage, viene stabilito 16 pixel per dimensioni testo(8a) e 3 pixel per spessore linee (8b).

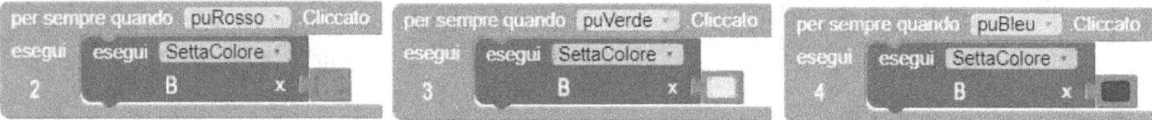

- Settare/cambiare il colore attivo

Pulsanti colore attivo, (2 puRosso - 3 puVerde - 4 puBlu), al click ciascun pulsante invoca la Procedura SettaColore passandole il colore da rendere attivo.

Il colore è passato alla Procedura contenuto nella variabile x visibile sul blocco(B).

Procedura SettaColore(B), chiamata dai blocchi Screen1.Inizializza(A) ed all'evento click rispettivamente dai pulsanti puRosso(2), puVerde(3), puBlu(4).

Il colore arriva alla procedure contenuto nella variabile x visibile sul blocco(B).

Occorre fare click su X della procedura e incastrare la barra "valore di X" nei blocchi Stage1.ColoreDisegno(8c) settando il colore attivo,

etColore.ColoreSfondo(1) colorando lo sfondo dell'Etichetta etColore.ColoreSfondo(1) per ricordare all'utente quale sia il colore attivo.

-Cancellare

Pulsante puCancella.Cliccatp(5), lancia il metodo Stage1.Pulisci cancella quanto scritto ma non l'immagine.

SelettoreFoto.TerminataSelezione(6), al click permette di navigare nel dispositivo e scegliere una foto.
Una volta scelta il percorso viene a trovarsi nel blocco SelettoreFoto.Selezione(6a).
Il contenuto del blocco SelettoreFoto.Selezione(6a) viene assegnato al blocco Stage.ImmagineSfondo(8d) rendendo visibile sul display la foto scelta.

-Disegnare col testo

Pulsante puScrivi.Cliccato(9), al click va in esecuzione il blocco Stage1.DisegnaTesto,
in Stage1.DisegnaTesto(8) il contenuto di CasellaTesto.Testo(10) viene assegnato a "testo",
alla posizione (X,Y cartesiane dello Stage1) da CasellaX.Testo(11) e CasellaY.Testo(12),

ed il testo compare nello Stage sopra la foto.

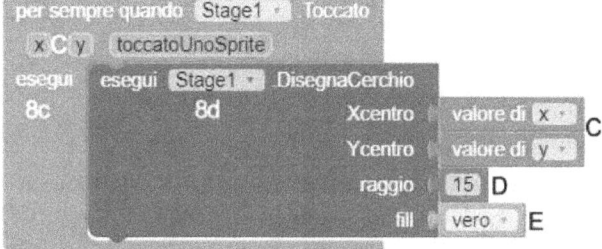

-Disegnare una circonferenza

Blocco Stage1.Toccato(8c), rileva quando lo stage viene premuto con un dito ottenendone la posizione X,Y cartesiana, i valori della posizione sono memorizzati nelle etichette/contenitori X Y sul blocco(C).
All'evento Stage1.toccato va in esecuzione il blocco interno Stage1.DisegnaCerchio(8d).
La circonferenza sarà del colore attivo visibile in etColore(1) mentre lo spessore della circonferenza è stabilito nel blocco Screen1.Inizializza(8b).
Occorre prelevare da x,y(C) del blocco Stage1.Toccato i rispettivi blocchi, x,y ed incastrati nel blocco Stage1.DisegnaCerchio(8d) rispettivamente negli incastri Xcentro e Ycentro(C).
Un blocco Matematica con valore 15 (pixel) è inserito nell'incastro "raggio" stabilendone la lunghezza.
Il blocco booleniano vero(E) è incastrato in "fill" rendendo la circonferenza opaca del colore selezionato.
Con il blocco(E) booleniano su falso, il contenuto della circonferenza riamane trasparente.

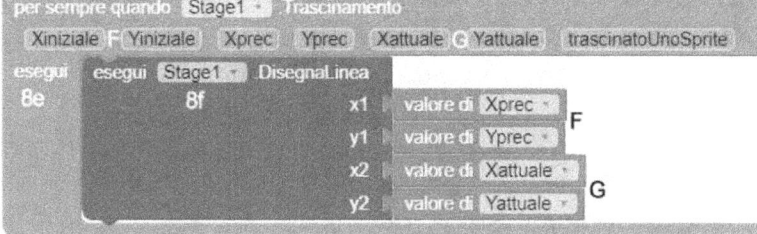

-Disegnare con le dita

Il blocco Stage1.Trascinamento(8e), rileva quando sullo stage viene trascinato un dito.
Durante il trascinamento possono essere disegnate delle linee del colore attivo, visibile in etColore (1).
Lo spessore delle linee è stabilito nel blocco Screen1.Inizializza(8b).
Il punto iniziale del trascinamento è rilevato in Xiniziale, Yiniziale (F) cartesiani.
Durante il trascinamento la posizione corrente è rilevata in Xattuale, Yattuale (G) cartesiani.
Occorre prelevare da Xiniziale, Yiniziale (F) e Xattuale, Yattuale(G) del blocco Stage1.Trascinamento i rispettivi blocchi x,y ed incastrati nel blocco Stage1.DisegnaLinea(8f) in x1,y1(F) e x2,y2(G).

-Condividere lo Stage

Pulsante puCondividi.Cliccato(7), al click appare una finestra mostrante le App installate sul dispositivo fra quelle che permettono la condivisione (e-mail, WhatsApp eccetera.)
In assenza del click sul pulsante puCondividi(7) immagine, testo e linee sono elementi separati, può essere verificato premendo il pulsante puCancella(5) che elimina testo e linee lasciando intatta la foto.

Occorre quindi, per la condivisione, che il tutto sia salvato come unico file e poi riletto.

Per questa elaborazione viene utilizzato il componente TinyDB(13).

Lo Stage col suo contenuto viene salvato con TinyDB1.MemorizzaValore(13w) dove

"etichetta"(tag) IMMAGINE (T1) è il nome del file salvato,

a "valoreDaMemorizzare" il contenuto completo dello Stage

assegnato a TinyDB con i blocchi Stage1.SalvaCome(8h) con NomeFile.jpg (T2)

Subito dopo va in esecuzione il blocco Condivisione1.CondividiFile(14) al quale viene assegnato quanto

appena salvato e riletto con TinyDB1.OttieniValore(13r) con etichetta(Tag) IMMAGINE (T1).

In automatico si apre la finestra con App installate sul dispositivo per la condivisione.

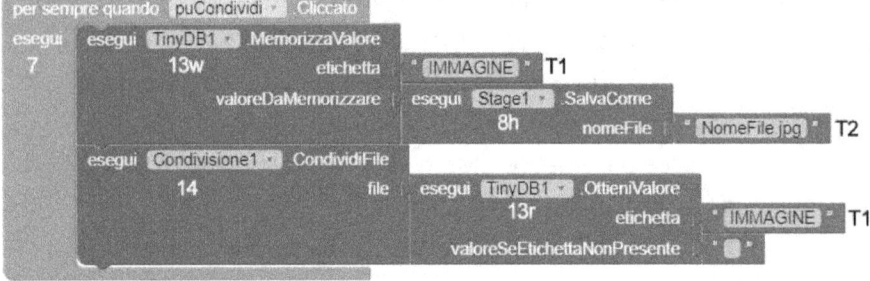

Palla

Il componente Palla non è altro che uno sprite di forma rotonda fornito da App Inventor.

Di questo è possibile cambiare dimensione e colore agendo sulle proprietà Raggio e ColoreDisegno.

Le proprietà disponibili in Palla e Sprite sono modificabili in ogni momento.

Le animazioni non sono un reale movimento del componete, ma una rapida successione di immagini in

posizione diversa, questo è possibile esclusivamente all'interno del componente Stage.

Palla e Sprite interagiscono al tocco di dita, essere trascinati e interagire fra loro o con i margini dello Stage.

Per gestire il movimento di Palla e Sprite, su coordinate cartesiane x,y oppure con il metodo Heading (in

gradi) sussistono varie opzioni, rilevamento cambio di posizione del dispositivo, evento dell'orologio ecc.

Ad esempio, per muovere una Palla di 10 pixel verso l'alto della Stage ogni 1000 millisecondi (un secondo),

occorre impostare la Velocità a 10 pixel per un Intervallo di 1000 millisecondi.

App_28Palla_con_Orologio

In uno Stage, dimensioni 95% - 80% del display sono inseriti 2 componenti Palla, PallaRossa e PallaNera.

PallaRossa si muove con incrementi di 1 pixel rimbalzando sui margini dello Stage.

Nel titolo di Screen1 sarà leggibile la posizione (X,Y) di PalalRossa in ogni punto del suo movimento.

PallaNera è statica ma, con un dito, può essere trascinata in altra posizione.

PallaNera diventa verde se PallaRossa entra in contatto con essa e di nuovo nera a contatto terminato.

Quando PallaRossa collide con i margini dello Stage (angoli o sponda) è possibile leggere il numero

identificativo che è anche intercettabile da programmazione.

Sponde e loro numero identificativo a collisione		
nord est = 2	nord = 1	nord ovest = -4
est = 3		ovest = -3
sud est = 4	sud = -1	sud ovest = -2
Notare che le direzioni opposte, hanno segno negativo l'uno dall'altro.		

Nel titolo di Screen1 è visibile il numero corrispondente all'ultima sponda o angolo collisi e la posizione di

PallaRossa in ogni momento/punto del suo movimento.

1)Stage
2)PallaRossa, Raggio=15,posizione X=100,Y=100,Z=1
3)PallaNera, Raggio=30,posizione X=130, Y=140, Z=1
Diventa verde quando PallaRossa entra in contatto con
essa e di nuovo nera quando il contatto termina.
4)Cursore che determina la velocità di PallaRossa
ValoreMax: 20 - ValoreMin:1 PosizioneCursore:10
(default)
5)Etichetta dove viene mostrata la velocità corrente
6)Orologio, motore del movimento di PallaRossa
IntervalloTimer = 100 millisecondi

In questa App l'animazione è gestita su rilevazione dell'evento TimerConcluso del componete Orologio.
In altre parole Palla viene "spostata" nello Stage a intervalli di tempo prestabiliti poiché l'evento
TimerConcluso del componete Orologio permette la definizione di intervalli temporali per "fare qualcosa".
In ambiente Blocchi, sono definite le variabili globali Sponda per il valore identificativo dell'ultima sponda
collisa(A), PosX e PosY per contenere il valore corrente della posizione X,Y di PallaRossa nello Stage(B-C).

inizializza variabile globale **Sponda** con valore **0** **A**

inizializza variabile globale **posX** con valore **1** **B** inizializza variabile globale **posY** con valore **1** **C**

Col blocco Screen1.Inizializza(D) è dimensionato Stage(1) a Larghezza 0.95 e Altezza 0.8 dello Screen(E).

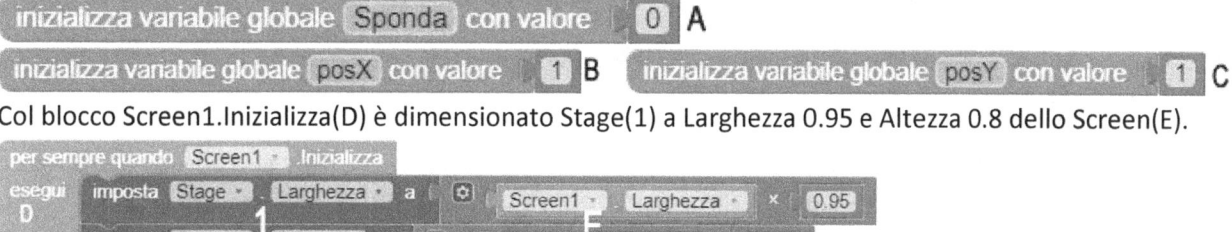

PallaNera.Trascinamento(F), blocco che rende possibile il trascinamento del componente PallaNera(3).
Per attivare questa funzione occorre fare click su Xattuale(Xa) e Yattuale(Ya) prelevando le rispettive barre
incastrandole poi nel blocco PallaNera.VaiA rispettivamente in X(Xa) ed Y(Ya).

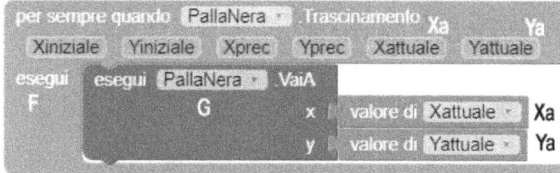

Cursore curVelocita.PosizioneCambiata(4), permette di variare la velocità di movimento di PallaRossa pur
lasciando inalterato l'intervallo Orologio.TimerConcluso.
Viene prelevata da posizionePollice(H) il blocco posizionePollice ed incastrato nelle variabili posX(B) e
posY(C) (velocità PallaRossa) ed in etVelocita.Testo(5), per visualizzare sul display la velocità corrente.

per sempre quando **curVelocita** .PosizioneCambiata
H posizionePollice
esegui **B** porta **global posX** a valore **valore di posizionePollice** **H**
C porta **global posY** a valore **valore di posizionePollice** **H**
imposta **etVelocita** **5** Testo a **valore di posizionePollice** **H**

Orologio.TimerConcluso, ogni 100 millisecondi da l'impulso al movimento.
Ad ogni ciclo di 100 millisecondi viene sommato il contenuto delle variabili posX(B) e PosY(C) alle posizione
corrente di PallaRossa.X(2b) e PallaRossa.Y (2c).

Nel titolo dello Screen1.Titolo(K) usando un blocco testo unione vengono inseriti: numero identificativo dell'ultima sponda collisa(S) e posizione corrente di PallaRossa(2b e 2c) arrotondati(T).

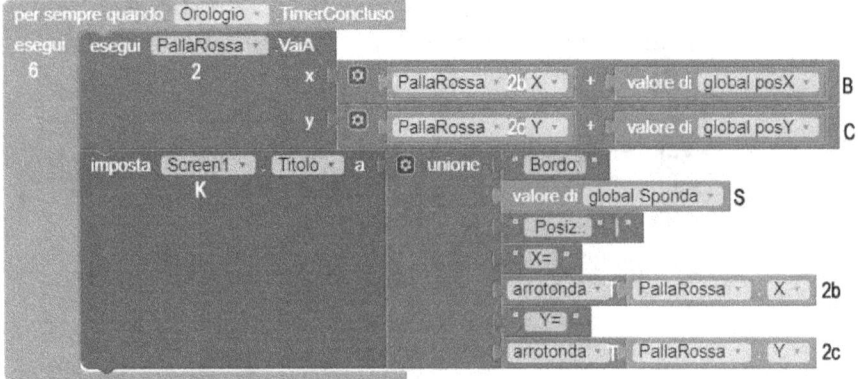

PallaRossa.HaToccato, blocco che va in esecuzione quando PallaRossa(2) collide con PalalNera(3).
Al blocco PallaNera.ColoreDisegno viene assegnato il verde col blocco colore(N), cambiandole colore.

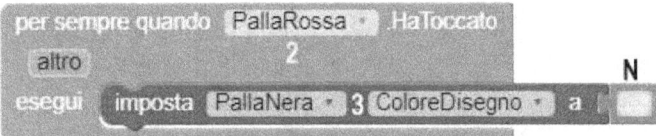

PallaRossa.NonPiuToccato, blocco che va in esecuzione quando PallaRossa(2) non è più a contatto con PalalNera(3), al blocco PallaNera.ColoreDisegno viene assegnato il colore Nero col blocco colore(N).

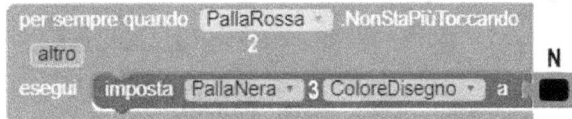

PallaRossa.HaToccatoBordo(P), il blocco va in esecuzione quando PallaRossa collide con bordo dello Stage.
Il numero corrispondente al bordo colliso è rilevabile all'interno di bordo(R), viene prelevata la barra contente il valore poi assegnato alla variabile Sponda(A), permettendone la visibilità nel blocco Orologio.TimerCncluso(8), viene poi usato come valore assoluto per gestire i rimbalzi di PallaRossa.
-Se valore/sponda = 3(S), 3 est,-3 ovest, il valore spostamento X è moltiplicato per -1(T) e inverte direzione.
-Se valore/sponda = 1(U), 1 nord,-1 sud, il valore spostamento Y è moltiplicato per -1(V) e inverte direzione.
-Se valore/sponda = 2 oppure = 4 (W), 2 Nord/Est, -2 Sud/Ovest, 4 Sud/Est, -4 Nord/Ovest, il valori di spostamento X e Y sono moltiplicati per -1(Z) invertendo per entrambi la direzione.

Animazioni Heading (senza Orologio)

Nell'esempio di animazione App_28Palla_con_orologio, un componente Orologio all'evento Orologio.TimerCncluso determina ogni quando tempo gli oggetti devono spostarsi.

Questo metodo, a intervalli temporali prestabiliti, è utilizzabile non solo per muover oggetti nello Stage, ma anche, ad esempio, cambiare colori e/o testo su di un Pulsante o etichetta, fare in modo che l'App pronunci frasi con un certo ritmo e moltissimo altro.

Per il movimento oggetti, come alternativa dall'uso del componete Orologio , App Inventor mette a disposizione le proprietà Heading, Velocita e IntervalloMovimento.

Per controllare i movimenti di Palla e Sprite nello Stage è quindi possibile impostare, in ambiente Progettazione o Blocchi, le proprietà Heading, Velocita e IntervalloMovimento.

Per "muovere" il componete è indispensabile impostare la proprietà Velocita ad un valore diverso da 0.

La proprietà Heading di uno Sprite o di una Palla ha un intervallo espresso in gradi.

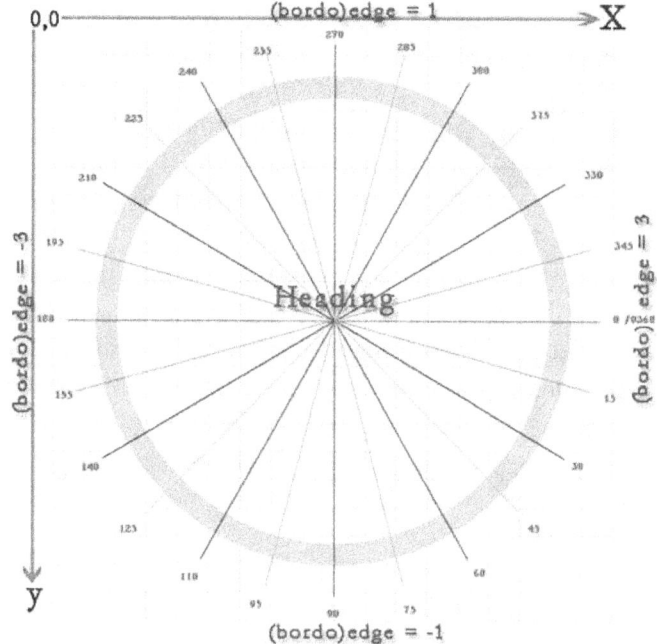

Nella figura, i metodi, Cartesiano ed Heading.

Ai bordi, i valori numerici intercettabili su collisione di Palla o sprite, Nord=1, Sud=-1, Ovest = 3, Est = -3.

Nell'interno, valori di Heading, compresi tra 0 e 360 gradi.

Ad esempio: Impostando la direzione a 0, Palla (o Sprite) si sposterà da sinistra a destra, a 90 dal basso verso l'alto, a 180 da destra a sinistra, a 270 dall'alto verso il basso, a 310 in diagonale dall'alto a sinistra in direzione basso a destra.

Ovviamente è possibile impostare qualsiasi valore fra 0 e 360 gradi.

La proprietà Velocità funziona allo stesso modo degli oggetti in movimento con VaiA (MoveTo), essa specifica il numero di pixel dei quali l'oggetto si muoverà per l'intervallo di tempo, dove l'intervallo è definito dalla proprietà IntervalloMovimento.

App_29Palla_con_Heading

Nello Stage con dimensioni "Riempi contenitore" sono inseriti i componenti PallaVerde e PallaRossa.

Entrambi componenti Palla si muovono con Header e Velocità modificabili dai rispettivi cursori.

Quando i componenti entrano in contatto PallaVerde diviene nero tornando verde a contatto terminato.

Quando un componente Palla collide con i margini dello Stage (angoli o sponda) la direzione cambia ed il nuovo valore Header è verificabile sul display.

Il componete Orologio, IntervalloTimer=1, in questa App non influenza il movimento, suo scopo è mostrare sul display a intervalli la posizione X,Y ed il valore Header per PallaVerde e PallaRossa.

1)Stage, Altezza e Larghezza=Riempi contenitore
2)PallaVerde
3)PallaRossa
4)Etichetta, per visualizzare Velocità di PallaVerde
5)Cursore, per cambiare Velocità di PallaVerde
6)Etichetta, per visualizzare Heading di PallaVerde
7)Cursore, per cambiare Heading di Palla Verde
8)Etichetta, per visualizzare Velocità di PallaRossa
9)Cursore, per cambiare Velocità di PallaRossa
10)Etichetta, per visualizzare Heading di PallaRossa
11)Cursore, per cambiare Heading di PallaRossa
Cursori Velocità (4,8):
ValoreMax: 40 - ValoreMin:0 - PosizioneCursore:0
Cursori Heading (6,10): ValoreMax:360
ValoreMin:0
12)Heading corrente di entrambi componenti
Palla.
13)Orologio, IntervalloTimer=1.

Cursore cuVerde.posizioneCambiata(5), al cambiamento della posizione del cursore il nuovo valore velocità si trova nel contenitore posizionePollice(P1).

Per permettere a Palla di cambiare velocità, va fatto click su esso prelevando la barra contenete il valore incastrandola nel blocco PallaVerde.Velocità ed etVelocitaVerde.Testo per mostrare il valore sul display.

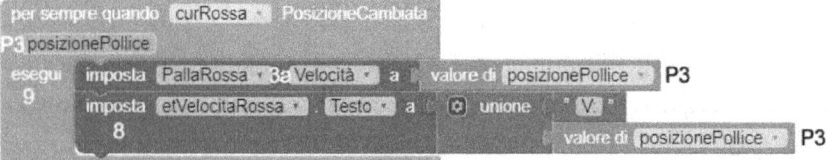

Cursore curHVerde.posizioneCambiata(7), al cambiamento della posizione del cursore il nuovo valore di Heading si trova nel contenitore posizionePollice(P2).

Allo scopo di permettere a Palla di cambiare direzione, va fatto click su esso prelevando la barra contenete il valore incastrandola nel blocco PallaVerde.Direzione ed etVerde.Testo per mostrare il valore sul display.

Cursore cuRossa.posizioneCambiata(9), al cambiamento della posizione del cursore il nuovo valore velocità si trova nel contenitore posizionePollice(P3).

Per permettere a Palla di cambiare velocità, va fatto click su esso prelevando la barra contenete il valore incastrandola nel blocco PallaRossa.Velocità ed etVelocitaRossa.Testo per mostrare il valore sul display.

Cursore curHRossa.posizioneCambiata(11), al cambiamento della posizione del cursore il nuovo valore di Heading si trova nel contenitore posizionePollice(P4).

Allo scopo di permettere a Palla di cambiare direzione, va fatto click su esso prelevando la barra contenete il valore incastrandola nel blocco PallaRossa.Direzione ed etVerde.Rossa per mostrare il valore sul display.

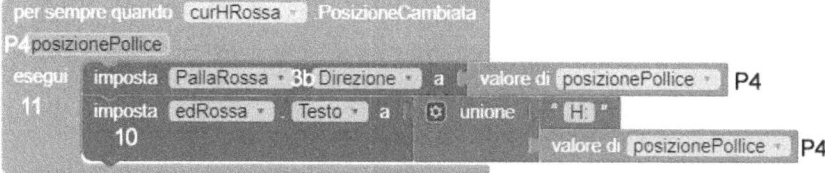

Blocchi che vanno in esecuzione quando PallaVerde(2) e PallaRossa(3) collidono col bordo dello stage.
il valore identificativo del bordo colliso è rilevabile all'interno di bordo(B) dei rispettivi blocchi.
La barra contenete il valore identificativo del bordo è incastrata rispettivamente in PallaVerde.Rimbalza(2c)
e PallaRossa.Rimbalza(3c), il sistema effettua i conteggi per la direzione del rimbalzo.

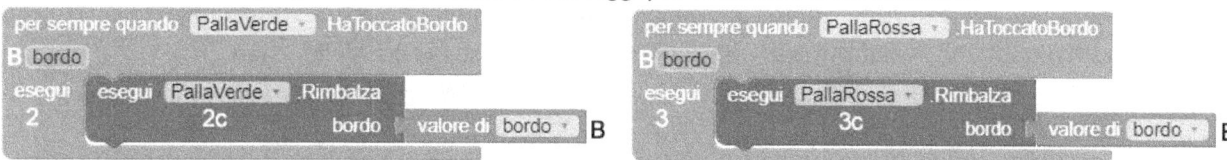

PallaRossa.HaToccato(3), il blocco va in esecuzione quando PallaRossa viene a contatto con altro
componente sprite o Palla, in questo caso con PallaVerde.
Al blocco PallaVerde.ColoreDisegno(2) viene assegnato il colore nero(K) colorando in nero PallaVerde,
rimarrà così fino a qundo persisterà il contatto.

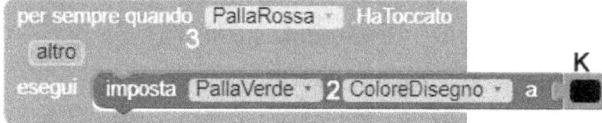

PallaRossa.NonPiuToccando(3), il blocco va in esecuzione quando PallaRossa perde il contatto con altro
componente sprite o Palla, in questo caso da PallaVerde.
Al blocco PallaVerde.ColoreDisegno(2) viene assegnato il colore verde(K) colorando in verde PallaVerde.

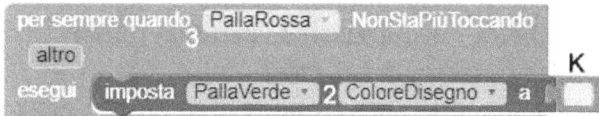

per sempre quando.Orologio1.TimerConcluso, non influisce sul movimento di PallaVerde(2) ne di
PallaRossa(3) ma serve, durante gli spostamenti, a visualizzare sul display ogni 1/1000 di secondo (definito
in Progettazione) le posizioni dei 2 componenti Palla e del valore dei loro Header.

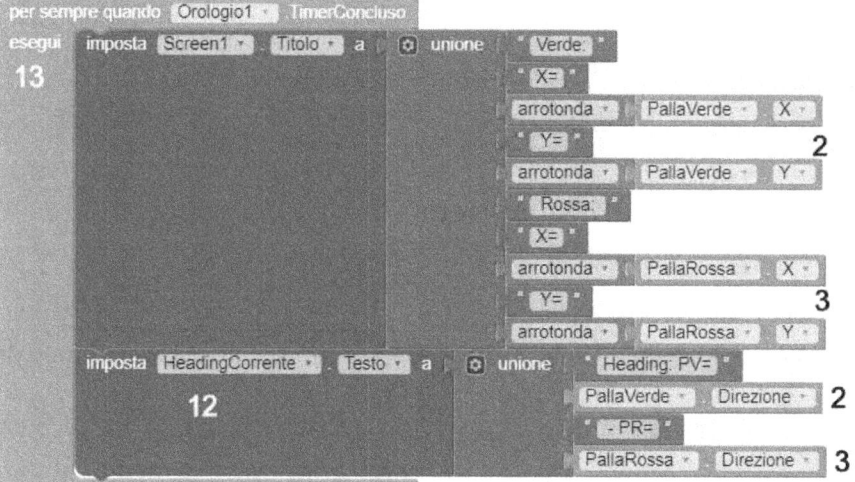

Sprite

Componente utilizzabile esclusivamente all'interno di uno Stage, può muoversi, interagire con altri sprites (Palla compresa), reagire a tocchi, trascinamenti e collidere con bordi e angoli dello Stage.

Assume l'aspetto del file grafico specificato nella sua proprietà Immagine.

In ambiente Blocchi tutte le proprietà di Sprite possono essere modificate in qualsiasi momento.

App_30Sprite_squash

All'interno di uno Stage, Sprite e Palla simulano il gioco squash.

Stage ha dimensioni 90% e 80% di Screen1 adattandosi alle dimensioni di qualsiasi dispositivo.

Palla si muove con metodo Headr rimbalzando sulle pareti Nord, Est e Ovest dello Stage.

Per impedire che Palla collida con la parete Sud il giocatore deve muovere lo Sprite trascinandolo con le dita in senso orizzontale (valore fisso per il suo asse Y) facendo così rimbalzare Palla.

Quando la palla collide con la parete Sud il gioco termina.

Al rimbalzo di Palla su Sprite o pareti Nord/Est/Ovest viene emesso un suono caratteristico.

Quando Palla collide con la parete Sud viene emesso un suono diverso ed il gioco termina.

Con l'aumento dei rimbalzi aumenta la velocità di Palla e diminuisce la larghezza dello Sprite.

Viene tenuto conteggio della quantità dei respingimenti fatti con Sprite mostrandola sul display.

Nel caso di più partite senza riavviare la quantità massima varia solo se viene superata.

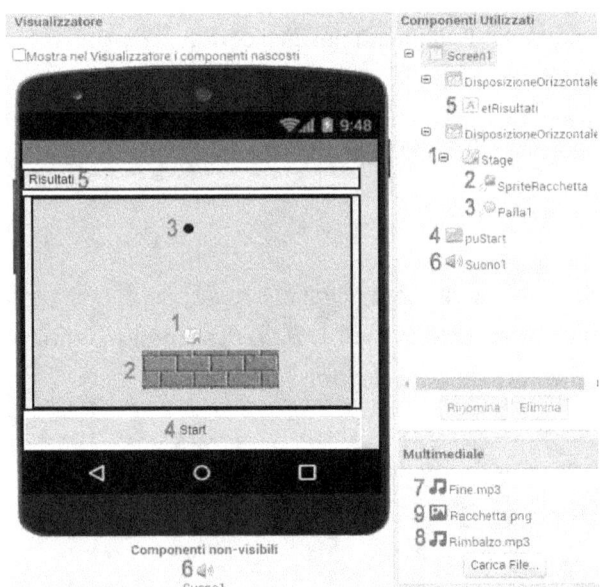

1) Stage
2) Sprite
3) Palla (anche questo è una sprite)
4) Pulsante, al click (ri)avvia partita
5) Etichetta, mostra: Quantità partite, Velocità, Punteggio (rimbalzi su Sprite)
6) Componete Suono, permette di emettere i suoni Fine partita(7) e Rimbalzo(9)
7) Suono di fine partita
8) Suono per rimbalzo palla(3) su sprite(2)
9) File grafico che da l'aspetto a Sprite.

Variabile globale QuantitaPartite(A), tiene memoria delle partite fatte.

A inizializza variabile globale QuantitaPartite con valore 0

Variabile globale SpritePosY(B), posizione fissa lo Sprite sull'asse Y.

La posizione/valore effettivo è definita nella Procedura "ValoriDiStart" (F), mentre sull'asse X la posizione di Sprite varia col trascinamento

B inizializza variabile globale SpritePosY con valore 0

Variabile Globale RimbalziSuSprite(C), memorizza quantità rimbalzi/respingimenti fatti con Sprite.

C inizializza variabile globale RimbalziSuSprite con valore 0

Variabile Globale RimbalziMassimi(D), memorizza quantità massima raggiunta rimbalzi/respingimenti.

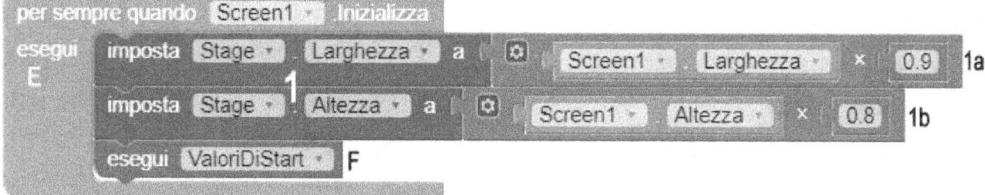

-Inizializza il gioco

Screen1.Inizializza(E), dimensiona Stage(1) a 0,9 di larghezza(1a) e 0.8 dell'altezza(1b) del dispositivo.
Chiama la Procedura ValoriDiStart(F) dove, vengono settati valori di default per Palla e Sprite.

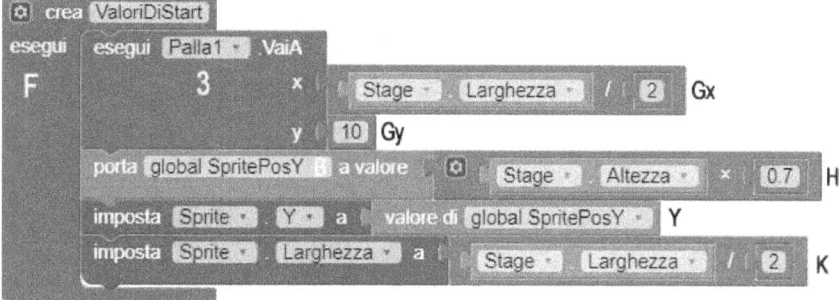

Procedura ValoriDiStart(F), qui vengono impostati i valori iniziali ad ogni partita.
Il blocco Palla.VaiA(3) posiziona Palla al centro sull'asse x dello Stage (Gx),
mentre sull'asse y, Palla viene posizionata a 10 pixel dal bordo superiore dello stage (Gy).
Viene stabilita la posizione di Sprite sull'asse Y assegnando alla variabile SpritePosY(B) il valore 0.7
dell'altezza dello stage(H).
Viene materialmente posizionato Sprite su asse verticale assegnando il valore contenuto nella variabile
SpritePosY(B) al blocco Sprite.Y(Y).
Dimensiona larghezza Sprite a 1/2 dimensione orizzontale Stage (K).

-Avviare la partita

Pulsante puStart(4), al click viene avviata una partita.
Cambia il testo sul pulsante puStart(4) assegnando al blocco puStart.Testo(4a) "Partita in corso".
Disabilita il pulsante puStart(4), assegnando al blocco puStart.Abilitato (4j) il valore booleniano "falso"
Viene assegnata la sorgente sonora al componente Suono1.Sorgente(6b) col blocco testo "Rimbalzo.mp3".
Abilita Palla assegnando al blocco Palla.Abilitato(3c) il valore booleniano "vero".
Incrementa di 1 il contenuto della variabile QuantitaPartite(A).
Assegna il valore zero alla variabile RimbalziSuSprite(C), questa variabile tiene memoria, per ogni partita,
delle collisioni fatte da Sprite(2) con Palla(3).
Imposta Palla.IntervalloMovimento su 10 millisecondi (3d).
Imposta Palla.Velocità su 5 (3e).
Con intervallo 10 e velocità 5, Palla si sposta di 5 pixel ogni 10 millisecondi.
Imposta a Palla.Direzione su di un valore casuale fra 225 e 315 gradi (3f).

Chiama la ProceduraValoriDiStart(F) dove, per ogni partita, vengono settati valori iniziali di Palla e Sprite.

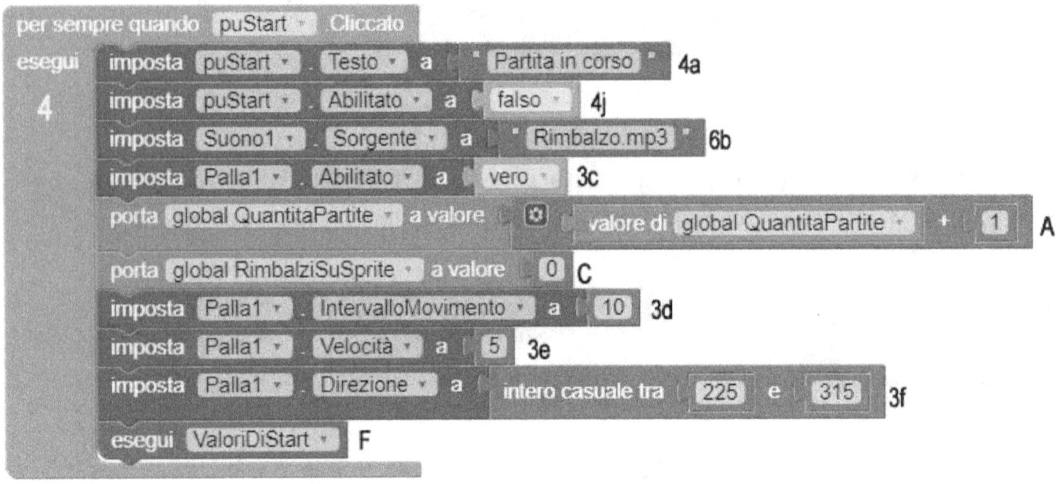

-Palla ha toccato Sprite

Quando Palla collide con altro componente va in esecuzione il blocco Palla1.HaToccato, in questo caso occorre testare se la collisione è di Palla1(3) con Sprite(2)

Nel contenitore "altro"(K) viene a trovarsi l'identificativo dell'oggetto colliso.

Occorre prelevare la barra allo scopo di testare quale sia il componente colliso.

Il test viene fatto con i blocchi se ... allora(2a).

Se l'esito in (2a) è negativo (Palla non ha colliso con Sprite) i blocchi **contenuti in "allora" vengono ignorati**.

Se l'esito in (2a) è positivo (Palla ha colliso con Sprite) vanno in esecuzione i blocchi contenuti in "allora"

Allora:

- Sprite.Larghezza viene diminuita di 0.1(2b)
- Palla.Velocità aumentata di 0.1 (3a).
- Viene riprodotto un suono(6)
- Invertita la direzione con rimbalzo(3b).
- Aumentato del valore di 1 la quantità dei rimbalzi di Palla su Sprite(C)
- Chiamata la Procedura Risultati(R) per aggiornare i valori nell'Etichetta Risultati(5).

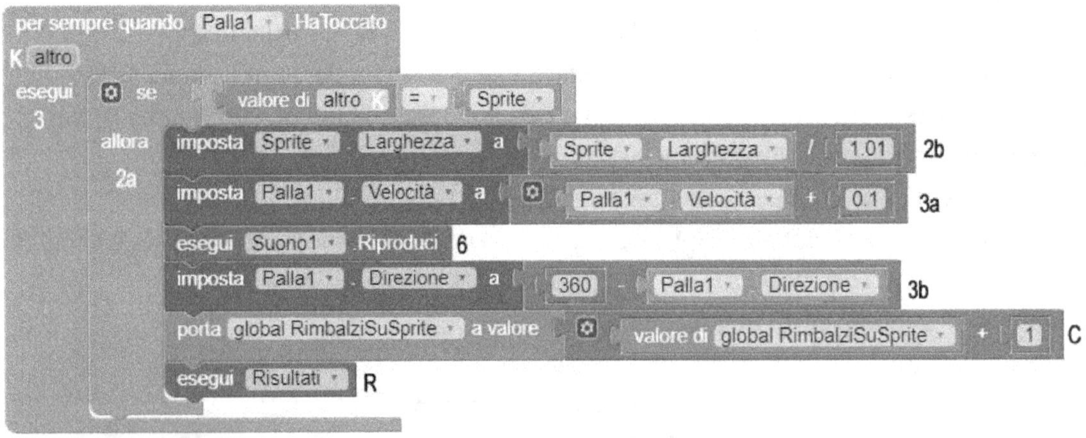

-Palla ha toccato bordo

Quando Palla collide con un bordo dello Stage va in esecuzione il blocco Palla.HaToccatoBordo.

Se la collisione di Palla è con uno dei bordo sinistro, superiore e desto la partita prosegue, altrimenti se il bordo colliso è quello inferiore la partita termina.

Per questa ragione la collisione da testare è quella di Palla col bordo inferiore.

Il valore identificativo di quale bordo sia stato colliso può essere recuperato nell'identificativo bordo(B).

Occorre prelevare la barra che permette di testare quale sia il bordo colliso.

Il test viene fatto con i blocchi se ... allora ... altrimenti(Se1).

- **Se** esito = -1 è stato colliso il bordo inferiore, la partita cessa, vanno in esecuzione i blocchi in allora.
  - o **allora**: Palla1.Abilitato viene assegnato il valore booleniano "falso" fermando Palla(3a).
  - o puStart.Abilitato viene assegnato il valore booleniano "vero" predispondo il gioca ad una nuova partita.(4a).
  - o puStart.Testo viene assegnato il testo "Game over! Click to restart" in modo da informare che la partita è terminata e che facendo click ne inizierà una nuova.(4b).
  - o Suono1.Sorgente impostato su Fine.mp3, cambia sorgente del file sonoro per fine partita(6)
    - ▪ Un altro se ... allora(Se2) all'interno, permette di verificare se la quantità dei rimbalzi Palla/Sprite è stata superiore alla partita precedente.
      Se RimbalziSuSprite(C) è suoeriotre a RimbalzoMassimi(D) memorizza in RimbalziMassimi(D) il valore della variabile RimbalziSuSprite(C).
- **altrimenti**, l'esito del confronto(3a) è diverso da -1, la collisioni è avvenuto su di uno degli altri tre bordi (est/nord/ovest), Palla(3) rimbalza(B) secondo le regole stabilite.

In ultimo, dopo il controllo se ... allora ... altrimenti(3a) viene riprodotto un suono(6) la cui sorgente è rimasta Rimbalzo.mp3 l'esito è stato negativo e "Fine.mp3" se positivo.

Infine chiama la Procedura Risultati per mettere i dati a video nell'Etichetta Risultati(5)

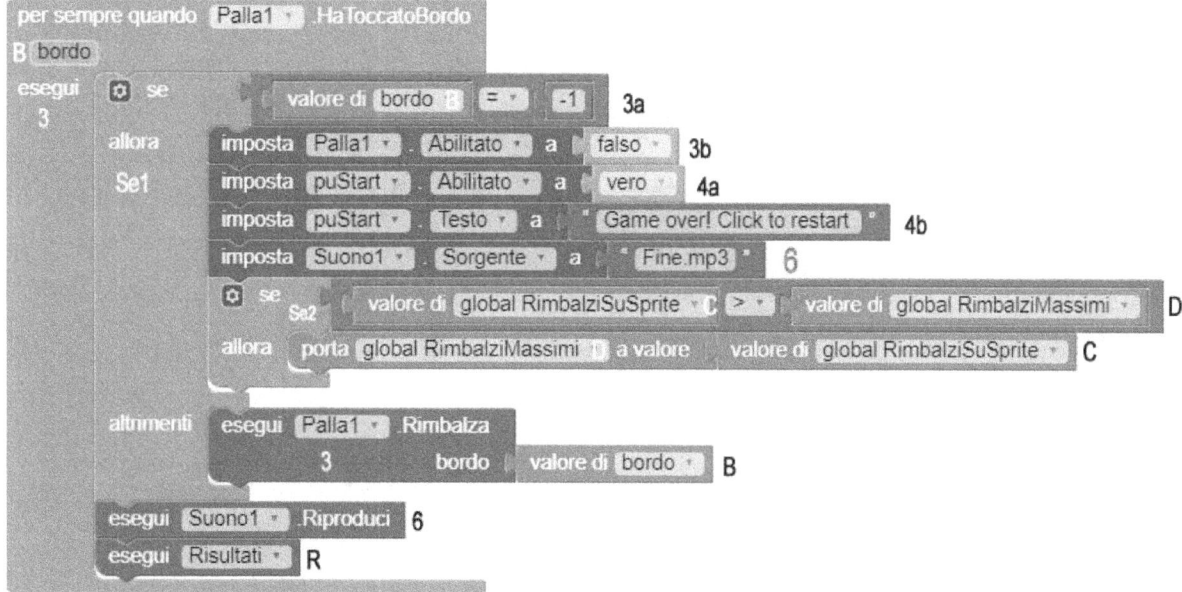

-**Movimento Sorite con trascinamento**

Il blocco Sprite.Trascinamento(2), rende sensibile Sprite al trascinamento nello Stage.

La posizione è rilevata nel blocco Sprite.VaiA(2a) dove la variabile di posizione verticale, SpritePosY(B) contiene un valore fisso stabilito nella Procedure Valori di Start(F).

Il valore della nuova posizione orizzontale è contenuta in Xattuale(X), occorre prelevare il blocco contenete il valore ed incastrato nel blocco Sprite.VaiA in aggancio x.

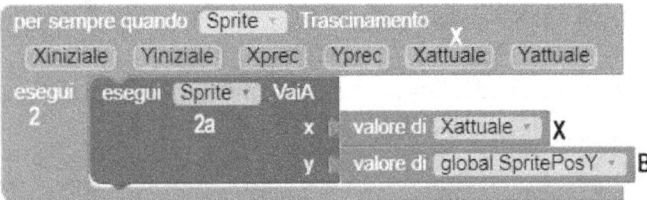

-Risultati della partita

Procedura Risultati(R), usando un blocco testo unione vengono messi a video nell'Etichetta etRisultati.Testo(5) i risultati delle partite.

- Partita, cioè quantità partite fatte(A).
- Velocità di Palla nella partita che l'utente sta giocando(3a).
- Punteggio, cioè quantità rimbalzi di Palla su sprite(C).
- Record, cioè quantità massima rimbalzi Palla/Sprite fra tutte le partite fatte (D).

Sensori

SensoreDirezione (OrientationSensor)

Componente non visibile, fornisce informazioni sull'orientamento fisico del dispositivo nelle tre dimensioni. Può essere rilevato se il dispositivo è inclinato sulla sinistra, sulla destra, in alto, in basso o capovolto.

Quando il dispositivo viene inclinato, ruotato ecc. il sensore d'orientamento fornisce l'angolo di inclinazione sugli assi e lancia l'evento DirezioneCambiata (OrientationChanged) con proprietà "Angolo".

Queste rilevazioni possono essere utilizzate per muovere e governare elementi grafici come Palla o Sprite.

Il valore di proprietà "Angolo" dell'evento DirezioneCambiata misura l'angolo dall'inclinazione del dispositivo, utilizzando questo valore è possibile impostare la velocità di movimento degli oggetti (ad esempio, angolo maggiore per velocità maggiore di uno Sprite).

- Rollio: 0 gradi, dispositivo in piano, aumenta a 90 gradi se dispositivo viene inclinato sul suo lato sinistro diminuisce a -90 gradi quando il dispositivo viene inclinato sul suo lato destro.
- Tono: 0 gradi, dispositivo è in piano. Fino a 90 gradi, il dispositivo viene inclinato in modo che la sua parte superiore punti in basso, fino a 180 gradi se viene rovesciato.
  Quando il dispositivo viene inclinato in modo che la sua parte inferiore punti in basso, il beccheggio diminuisce a -90 gradi, diminuendo poi a -180 gradi quando viene girato completamente.
- Azimut: la parte superiore dispositivo punta a Nord = 0 gradi, 90 ad Est, 180 a Sud, 270 ad Ovest.

Non tutti i dispositivi Android dispongono di un sensore di orientamento integrato.

App_31SensoreDirezione

Uno Sprite a forma di pallone da calcio, SpritePalla(2) può essere mosso nello Stage seguendo l'inclinazione del dispositivo, a maggiore inclinazione, maggiore velocità di movimento.

Se SpritePalla(2) contatta il componente Palla(3), quest'ultimo si colora di rosso, torna nero a fine contatto.

Per il movimento di SpritePalla è utilizzato il metodo Heading.

Non è stato implementato il rimbalzo sulle sponde dello Stage in modo da rendere più evidente il meccanismo del componente SensoreDirezione.

1)Stage
2)SpritePalla
3)Palla
4)Etichetta, mostra i parametri durnte l'uso dell'App
5)SensoreDirezione
6)Immagine che da forma a SpritePalla(2) caricata nell'App dall'ambiente Progettazione

All'avvio va in esecuzione il blocco Screen1.Inizializza(A) inizializzando SpritePalla e Sensore di direzione. SpritePalla.Immagine(2a) ha assegnato, con blocco testo l'immagine "Palla.png"(6) già caricata nell'App, SpritePalla.Velocità(2b) viene assegnata la velocità a 50 utilizzando un blocco Matematica

SpritePalla.Direzione(2c) viene assegnata la direzioni a 160 (Heading)

Viene abilitato SensoreDirezione.Abilitato(5a) assegnandole il valore booleniano "vero".

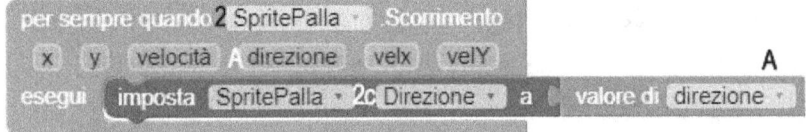

Direzione, scorrimento di SpritePalla.Scorrimento(2), il valore della nuova posizione si trova nel contenitore (A), occorre prelevare la bassa che lo contiene ed incastrarla nel blocco SpritePalla.Direzione(2c).

per sempre quando **2** SpritePalla .Scorrimento
x y velocità **A** direzione velx velY   **A**
esegui imposta SpritePalla · **2c** Direzione · a valore di direzione ·

SensoreDirezione.DirezioneCambiata(5), va in esecuzione ogni volta che la direzione del dispositivo varia.

I valori di azimut(k1), tono(k2), rollio(k3) sono contenuti nei rispettivi contenitori.

Viene aggiornata la direzione in SpritePalla.Direzione(2c) in funzione dell'angolo SensoreDirezione.Angolo.

Velocità di SpritePalla.Velocità(2b) cambia in ragione del contenuto di SensoreDirezione.Grandezza.

La grandezza assume un valore compreso tra 0 e 1, mentre la velocità è impostata su valori interi positivi, come 5, 10, 15, 20 e così via.

Per convertire la grandezza in una velocità utile occorre moltiplicarla per un valore costante, in questa App è 100, ma può variare in funzione di cosa si vuole ottenere.

Utilizzando un blocco testo "unione" sono messi a video nell'etichetta etParametri.Testo(4) i valori correnti.

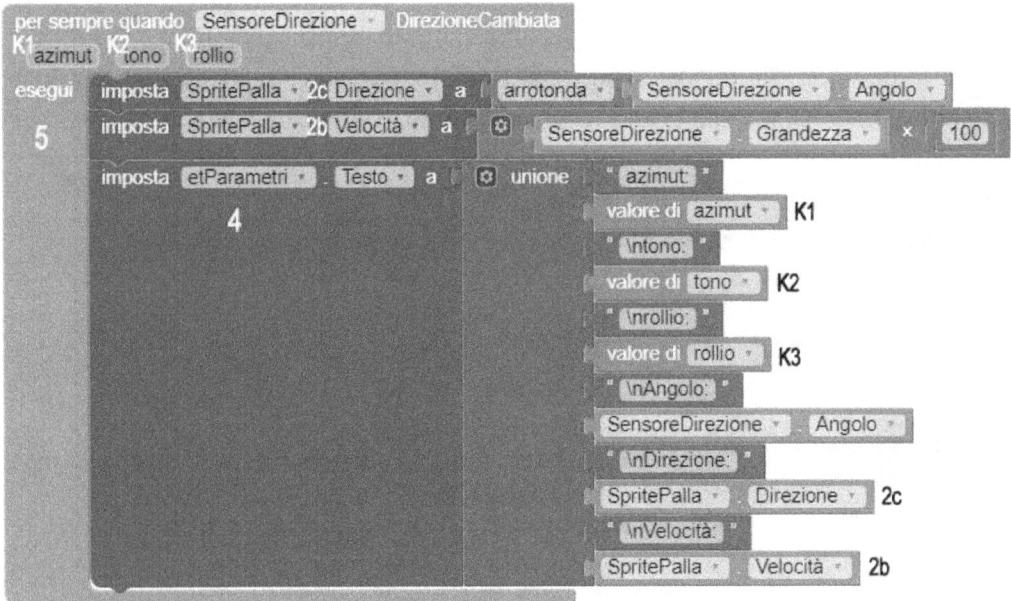

Blocchi che rilevano il contatto la fra SpritePalla e Palla.

Quando SpritePalla.HaToccato(3a) tocca Palla, Palla.ColoreDisegno(3c) si colora di rosso(C).

per sempre quando SpritePalla · .HaToccato
altro   **3a**
esegui imposta Palla · **3c** ColoreDisegno · a   **C**

Quando SpritePalla.NonStaPiùToccando(3b), Palla.ColoreDisegno(3d) si colora di nero(D).

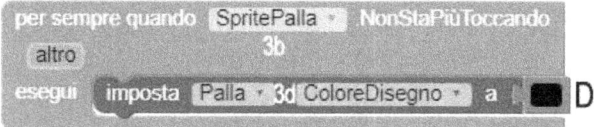

SensoreDiPosizione

Componente non visibile, fornisce latitudine, longitudine, altitudine e indirizzo del luogo dove si trova il dispositivo.

Può anche convertire un indirizzo in latitudine e longitudine corrispondenti.

Per funzionare, il componente deve essere Abilitato sul dispositivo per rete WiFi o satellitare GPS.

Poiché in avvio App o cambio di posizione il componente viene cercato un provider di posizione da interrogare, i dati della posizione possono non essere immediatamente disponibili.

App_32SensorePosizione

L'App dispone di un Pulsante ed un SelettoreLista per gestire quanto fornito dal SensoreDiPosizione.

Al click su di un pulsante è possibile conoscere (in etLocalizzazione.Testo(2) la posizione del dispositivo come latitudine, longitudine, altezza sul livello del mare e, se disponibile, indirizzo (città via ecc.).

Nel caso il dispositivo si trovi in di ambiente chiuso o comunque non raggiungibile dal segnale può essere necessario portarsi vicino a una finestra oppure su una terrazza.

Il SelettoreLista contiene il nome di alcune città, alla scelta di una di queste viene mostrato sul display le sue coordinate geografiche in latitudine e longitudine.

L'utilizzo del SelettoreLista è stato scelto per semplificare i test evitando errori di digitazione.

In alternativa sarebbe possibile usare un componete CasellaDiTesto dove l'utente digita un indirizzo e di seguito al click su di un pulsante lanciare la ricerca (non implementato nell'esempio).

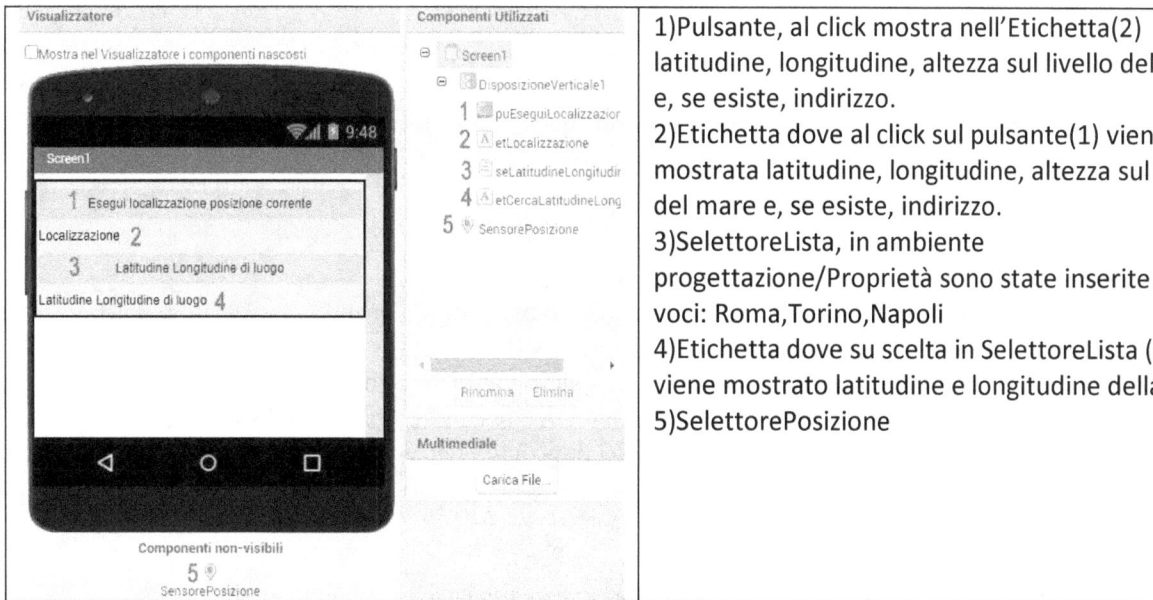

(schermata progetto)	1)Pulsante, al click mostra nell'Etichetta(2) latitudine, longitudine, altezza sul livello del mare e, se esiste, indirizzo. 2)Etichetta dove al click sul pulsante(1) viene mostrata latitudine, longitudine, altezza sul livello del mare e, se esiste, indirizzo. 3)SelettoreLista, in ambiente progettazione/Proprietà sono state inserite le voci: Roma,Torino,Napoli 4)Etichetta dove su scelta in SelettoreLista (3) viene mostrato latitudine e longitudine della città. 5)SelettorePosizione

Pulsante puEseguiLocalizzazione(1), al click cerca la localizzazione del dispositivo in uso.

I dati rilevati sono posti nell'Etichetta etLocalizzazione.Testo(2).

L'assegnazione dei dati viene fatta utilizzando il componente testo "unione".

- SensorePosizione.Precisione (5a)

- SensorePosizione.Latitudine (5b)

- SensorePosizione.Longitudine (5c)

- SensorePosizione.Altitudine (5d)

- SensorePosizione.IndirizzoAttuale (5e)

- SensorePosizione.NomeProvider (5f)

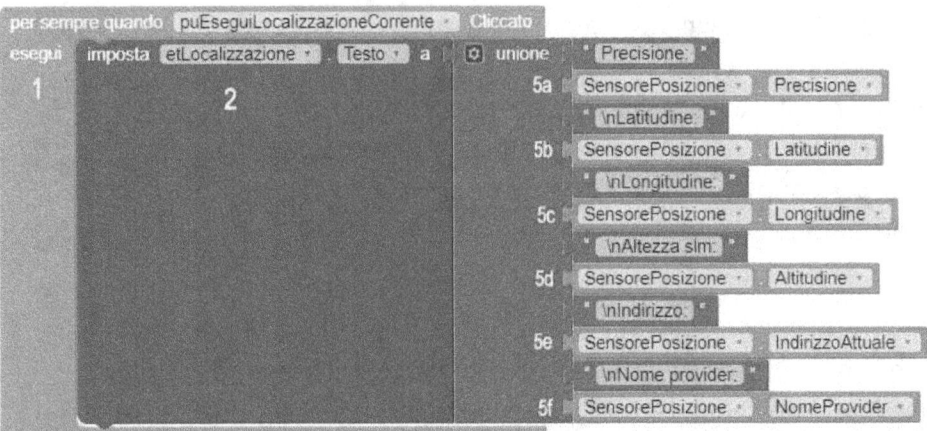

Componente SelettoreLista seLatitudineLongitudineDiLuogo (3) contenete nomi di città e indirizzi famosi.

Viene scelto un nome(3a) ed utilizzato per individuare latitudine(5a) e longitudine(5b) del luogo.

Il tutto mostrato a video nell'Etichetta etCercaLatitudineLongitugine.Testo (4)

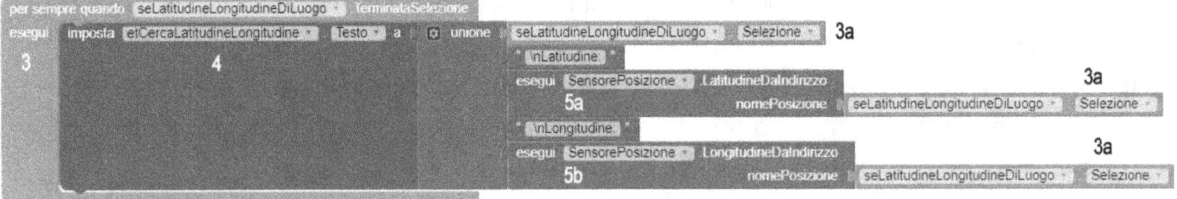

Accelerometro

Componente non visibile, rileva lo scuotimento del dispositivo e ne misura, nelle tre dimensioni, l'accelerazione approssimativa con unità di misura SI (m/s2).

Nelle tre dimensioni i valori rilevabili sono:

- **accelX**: 0 il dispositivo si trova appoggiato ad una superficie piatta,
  mostra un numero positivo quando viene inclinato a destra, negativo quando se inclinato a sinistra.
- **accelY**: 0 il dispositivo si trova appoggiato su di una superficie piatta,
  mostra un numero positivo quando il fondo viene sollevato, negativo sollevata è la parte superiore.
- **accelZ**: uguae -9.8, accelerazione gravitazionale in metri al secondo, +9.8 quando a faccia in giù.
  Il valore può essere influenzato dal movimento del dispositivo riguardo all'accelerazione di gravità.

App_33Accelerometro_lancio_dadi

Con lo scuotimento del dispositivo viene emesso un suono e simulato il lancio di due dadi.

Nel gioco la vittoria si raggiunge quando entrambi i dati riportano lo stesso valore.

Sul display sono sempre visibili i valori xAccel, yAccel, zAccel che cambiano al movimento.

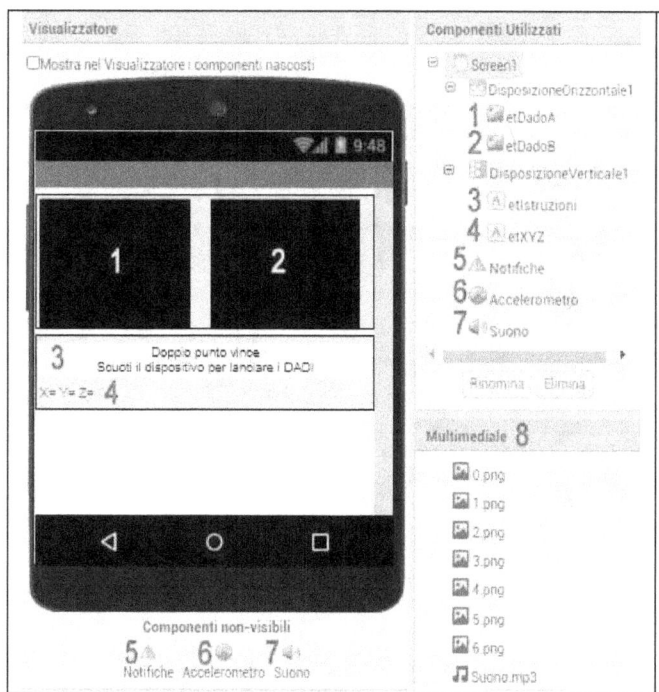

Visualizzatore
☐Mostra nel Visualizzatore i componenti nascosti
 	
(phone mockup showing dice 1 and 2, label 3 "Doppio punto vince / Scuoti il dispositivo per lanciare i DADI", X= Y= Z= 4)
 	
Componenti non-visibili
5 Notifiche 6 Accelerometro 7 Suono
	Componenti Utilizzati
	⊟ Screen1
	 ⊟ DisposizioneOrizzontale1
	  1 etDadoA
	  2 etDadoB
	 ⊟ DisposizioneVerticale1
	  3 etistruzioni
	  4 etXYZ
	  5 Notifiche
	  6 Accelerometro
	  7 Suono
	
	Rinomina Elimina
	
	Multimediale 8
	 0.png
	 1.png
	 2.png
	 3.png
	 4.png
	 5.png
	 6.png
	 Suono.mp3
		1)Etichetta, dadoA, allo scuotimento conterrà uno sei file grafici contenuti in Multimediale(8)
		2)Etichetta, dadoB, allo scuotimento conterrà uno sei file grafici in Multimediale(8)
		3)Etichetta, istruzioni
		4)Etichetta, valori di xAccel, yAccel, zAccel durante lo scuotimento/accelerazione.
		5)Notifiche, per messaggio di vittoria
		6)Accelerometro, i valori xAccel, yAccel, zAccel saranno visibili nell'Etichetta(4)
		7)Suono, riprodurrà Suono.mp3 caricato in App dalla sezione multimedia(8) e assegnato in ambiente Progettazione/Proprietà.
		8)Multimedia, contiene i file grafici delle 6 facce di un dado. Entrambi i dadi dadoA(1) e dadoB(2) utilizzano questi file.

In avvio va in esecuzione il blocco Screen1.Inizializza(A),

con un blocco colore(C) assegnato a Screen1.ColoreSfondo(B) colora in nero lo sfondo del display.

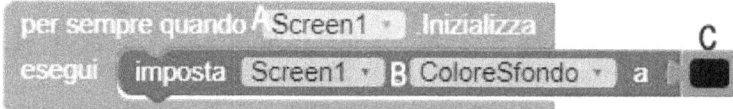

Blocco Accelerometro.AccelerazioneCambiata(6a), va in esecuzione al cambio accelerazione del dispositivo.

I valori dell'accelerazione si trovano sotto le etichette accelX, accelY , accelZ,

occorre fare click su ciascuna di esse prelevando la barra col valore ed incastrarle, utilizzando il blocco testo "unione", nell'Etichetta etXYZ.Testo(4) per essere visualizzate sul display.

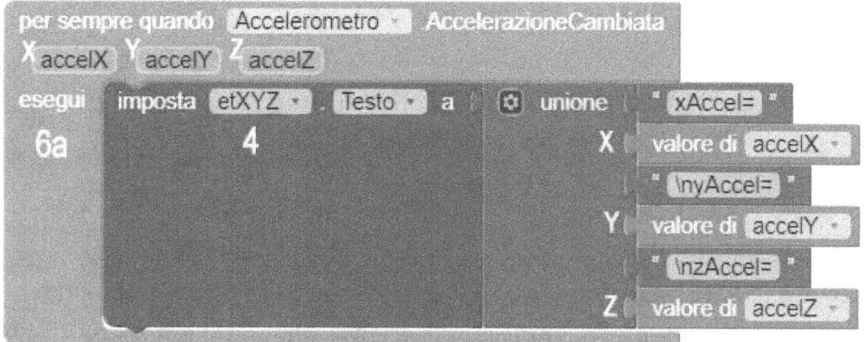

Blocco Accelerometro.Scosso(6b), va in esecuzione quando il dispositivo viene scosso.

Va in esecuzione il blocco Suono.Riproduci (7).

Per mezzo di un blocco Matematica viene generato un numero casuale fra 1 e 6 (8a) e per mezzo di un blocco testo "unione" assegnato l'immagine corrispondente (estensione png) al blocco etDadiA.Immagine(1) facendo comparire l'immagine/valore del dado (etDadoA) sul display.

Per mezzo di un blocco Matematica viene generato un numero casuale fra 1 e 6 (8b) e per mezzo di un blocco testo "unione" assegnato l'immagine corrispondente (estensione png) al blocco etDadiB.Immagine(2) facendo comparire l'immagine/valore del dado (etDadoB) sul display.

Col blocco di controllo se ... allora(D) verifica se il valore di dadoA(1a) è uguale a quello di dadoB(2a).

Se l'esito della verifica è negativo i blocchi contenuti vengono ignorati.

Se l'esito della verifica è positivo va in esecuzione il blocco Notifiche.MostraFinestraMessaggio(5) che mette a video il messaggio: Hai vinto.

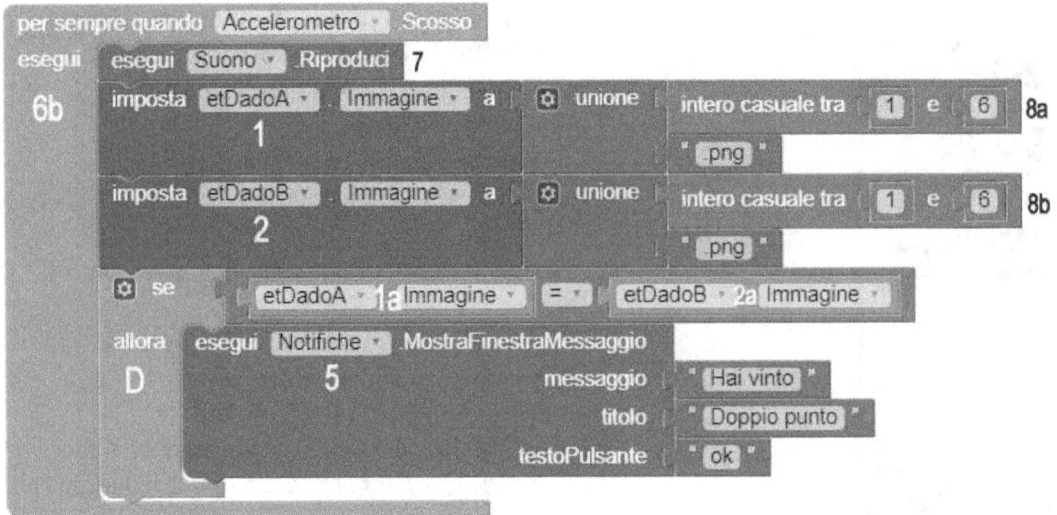

LettoreCodiceABarre (BarcodeScanner)

Componente non visibile per la scansione di codici a barre (QR) con recupero della stringa risultante.
Per la lettura dei codici a barre viene fatto uso uso della fotocamera a corredo del dispositivo.
Uno volta letti, utilizzando altri componenti può essere gestito il risultato della lettura, per esempio
AvvioAttività (ActivityStarter) per eseguire ricerca web, aprire browser a pagina specifica, inviare e-mail ecc.

Codici a barre, alcune vicende

L'idea dei codici a barre fu sviluppata nel 1940 dagli statunitensi Norman J. Woodland e Bernard Silver.
Brevettarono la loro invenzione, ma la tecnologia per lettura e decodifica non era abbastanza evoluta.
Diversi anni dopo lo sviluppo di laser e circuiti integrati permise la decodifica veloce ed a basso costo.
Nel 1973 Woodland sviluppò, in IBM, i codici a barre lineari UPC (Universal Product Code).
Utilizzando un lettore di codici a barre nel 1974 a Troy nell'Ohio fu venduto il primo prodotto (pacchetto di gomme da masticare) oggi nello Smithsonian's National Museum of American History.
Nel 1992, Woodland ricevette dal Presidente Bush, la Medaglia Nazionale per la Tecnologia.

Nel 1999 la controllata Toyota Denso Wave, sviluppò il codice QR Quick Read per tracciare parti d'auto.
QR Quick Read è bidimensionale, composto da moduli neri disposti all'interno di uno schema quadrato.
Molto più capiente di quegli allora in uso, può contenere fino a 7089 caratteri numerici o 4296 alfanumerici
Nel 1999 la Toyota Denso Wave rilasciò i codici QR sotto licenza libera, così favorendone la diffusione.
Oggi, 2021, creare codici a barre personalizzati è semplice, digitando "Codici a barre" in una ricerca Google, verranno proposti una moltitudine di siti che permettono di editare il contenuto testuale del codice facendolo poi scaricare come file grafico.
Per fare le stesse operazioni, altri siti propongono software da scaricare e installare sul PC locale.

App_34LettoreCodiceABarre_e_gestione_risultato

L'App mostra l'uso del componente LettoreCodiceABarre con gestione del risultato della scansione.
Di seguito alcuni codici a barre d'esempio editati usando ByteScout Barcode Generator
http://bytescout.com/products/enduser/misc/barcodegenerator.html

Lanciata l'App, fare click su scan e leggere uno dei codici, il risultato sarà visibile sul display.

Al click sul pulsante "Azione" verrà eseguita l'azione predisposta nel codice a barre.

Le azioni sono:

- URL di siti web, verrà lanciato il browser andando a quell'indirizzo.
  La discriminante del contenuto QR è che debba iniziare per http://
- Contenuto generico, verrà lanciata la ricerca Google per il contenuto letto.
- Indirizzi e-mail, verrà inviata e-mail all'indirizzo contenuto nel codice a barre.
  La discriminante del contenuto QR è che debba iniziare per mailto

1)Pulsante, al click effettua la scansione del codice a barre

2)Etichetta, conterrà il risultato testuale della scansione

3)Pulsante, al click fa eseguire l'azione preparate nel codice a barre.

4)LettoreCodiceABarre

5)AvvioAttività, permette di avviare l'azione letta nel codice a barre.

Esempi contenuti nell'App, vedere i codici QR sotto:

- **Vai a URL**: Andare ad un indirizzo Internet
- **Cerca nel web con Google**: Cercare del contenuto sul web
- **Invia e-mail**: Invia e-mail all'indirizzo letto nel codice a barre.

mailto:destinatario@gmail.com?subject=
Mail inviata dal codice a barre&body=Ho letto
il codice a barre ed è partita questa e-mail

Variabile numerica Azione(A), dopo scansione e lettura del contenuto conterà un valore numerico necessario a discriminare fra le azioni completabili.

Questo metodo è solo uno fra tanti possibili, sta al programmatore scegliere cosa scrivere nel codice QR e la quindi la successiva gestione da App dopo lettura del suddetto codice QR.

In questo esempio, le azioni predisposte dopo lettura sono 3, in realtà i comandi sono solo due perché fra l'invio di e-mail e l'andare ad un indirizzo web la discriminate risiede nella stringa letta nel QR.

In altre parole una volta accertato che la stringa letta inizia per mailto oppure per http://

il codice da mandare in esecuzione è lo stesso, è il sistema che si occupa di "prendere la strada giusta".

Variabile Globale Azione conterrà il valore 1 oppure 2 per le 3 azioni da compiere.

1 = Cerca con Google (predefinita).

2 = Vai a indirizzo web oppure invia e-mail

inizializza variabile globale Azione con valore 1 A

Pulsante puScan(1), al click manda in esecuzione il blocco LettoreCodiceABarre.EseguiScansione(4).

```
per sempre quando  puScan  .Cliccato  1
esegui   esegui  LettoreCodiceABarre  .EseguiScansione  4
```

Al termine dalla scansione va in esecuzione il blocco LettoreCodiceABarre.TerminataScansione(4a).

Il risultato della scansione si trova nel contenitore risultato(R),

(Viene comunque disposta la ricerca su Google di quanto letto da QR in modo non vanga mai generato errore, al massimo il risultato della ricerca sarà zero ma è molto improbabile.)

Viene assegnato il valore 1 alla variabile Azione(A) come azione di default,

Il testo del pulsante puAzione(3) viene cambiato in "Cerca con Google".

Facendo click sul contenitore risultato(R) viene prelevata la barra risultato scansione QR ed incastrata in etContenutoCodiceBarre.Testo(2) in modo da mostrarlo sul display.

Con un blocco se ... allora è necessario verificare il contenuto effettivo di quanto letto nel QR

In se ... allora(S) viene verificato se il risultato della scansione contiene mailto o http.

Se test ha esito negativo nella variabile Azione(A) rimane 1 ed i blocchi seguenti non vengono eseguiti.

Se test ha esito positivo alla variabile Azione(A) viene assegnato il valore 2 (indirizzo e-mail oppure url web).

Il testo del pulsante Azione viene cambiato in "Processa questo indirizzo".

```
per sempre quando  LettoreCodiceABarre  TerminataScansione
R  risultato
esegui   porta  global Azione  a valore  1  A
  4a    imposta  puAzione  3  Testo  a  " Cerca con Google "
         imposta  etContenutoCodiceBarre  2  Testo  a  valore di  risultato   R
           se   S     contiene  testo  valore di  risultato R  o  contiene  testo  valore di  risultato R
                         brano  " mailto "                        brano  " http "
           allora  porta  global Azione  a valore  2  A
                   imposta  puAzione  3  Testo  a  " Processa questo indirizzo "
```

A questo punto nell'etichetta etContenutoCodiceBarre.Testo sarà visibile quanto letto nel QR.

Il pulsante puAzione(3), al click, esegue l'azione stabilita dal contenuto della variabile Azione(A).

L'etichetta etContenutoCodiceBarre(2) ed il pulsante puAzione(3) sono stati inseriti nell'App allo scopo di mostrare in maniera trasparente lo svolgimento dell'azione.
In una App non didattica il contenuto del pulsante puAzione(3) dovrebbe essere inserito in una Procedura richiamabile dal blocco LettoreCodiceABarre.TerminataScansione(4a).

Al click sul pulsante puAzione viene elaborato quanto letto nel codice QR,

il codice che andrà in esecuzione dipende dal contenuto della variabile Azione(A)

- Utilizzando un blocco se ... allora(S1) viene tastato il contenuto della variabile Azione(A) per valore = 1

Se il test ha esisto positivo vanno in esecuzione i blocchi per cercare con Google.

-Viene assegnato al blocco AvvioAttività.Azione(5a) il comando android.intent.action.VIEW(W1)

-Assegnato al blocco AvvioAttività.UriDati(5b), usando un blocco unione il commando

http://www.google.com/m?q= (Q) insieme al risultato della scansione etCintenutoCodiceBarre.Testo(2).

La lettera q che appare dopo il segno ? è la variabile di una una querystring, Google riceve il contenuto di q

e con questo seleziona nel suo database, con i suoi criteri, le pagine da mostrare come esito della ricerca.
-Infine il comando va in esecuzione con la barra AvvioAttivita.AvvioAttivita(5c).

- Utilizzando un blocco se ... allora(S2) viene tastato il contenuto della variabile Azione(A) per valore = 2
Se l'esito è positivo si tratta dell'indirizzo di pagina web da raggiungere o di posta elettronica per l'invio.
-Viene assegnato al blocco AvvioAttività.Azione(5d) il comando android.intent.action.VIEW(W2)
Assegnato al blocco AvvioAttività.UriDati(5e), il risultato della scansione etCintenutoCodiceBarre.Testo(2)
-Infine il comando va in esecuzione con la barra AvvioAttivita. AvvioAttivita (5c).

Un indirizzo Internet deve iniziare con http o https mentre un indirizzo di posta elettronica con mailto, ma il
codice necessario per essere usato con AvvioAttivita è identico, è il sistema che discrimina fra le due azioni.

LightSensor

Componente non visibile in grado di misurare il livello di luce (lux).

- **Proprietà**
    - **Available**: specifica se il dispositivo dispone dell'hardware per supportare il componente.
    - **AverageLux**: Restituisce la luminosità in lux calcolando la media dei 10 valori precedenti. Il sensore deve essere abilitato e disponibile per restituire valori significativi.
    - **Enabled**: (true or false) Specifica se il sensore deve generare eventi.
    - **Lux**: Restituisce l'ultima luminosità misurata in lux.
    - **RefreshTime**: Tempo minimo, in millisecondi, tra le letture., non è garantito che Android esegua richiesta. Questa proprietà non ha effetto sui dispositivi pre-Gingerbread.
- **Eventi**
    - **LightChanged(lux)**: Indica che il livello di luce è cambiato.

App_35LightSensor

App che misura la luminosità ambientale, quando è superiore a 100 Lux vene emesso un suono.

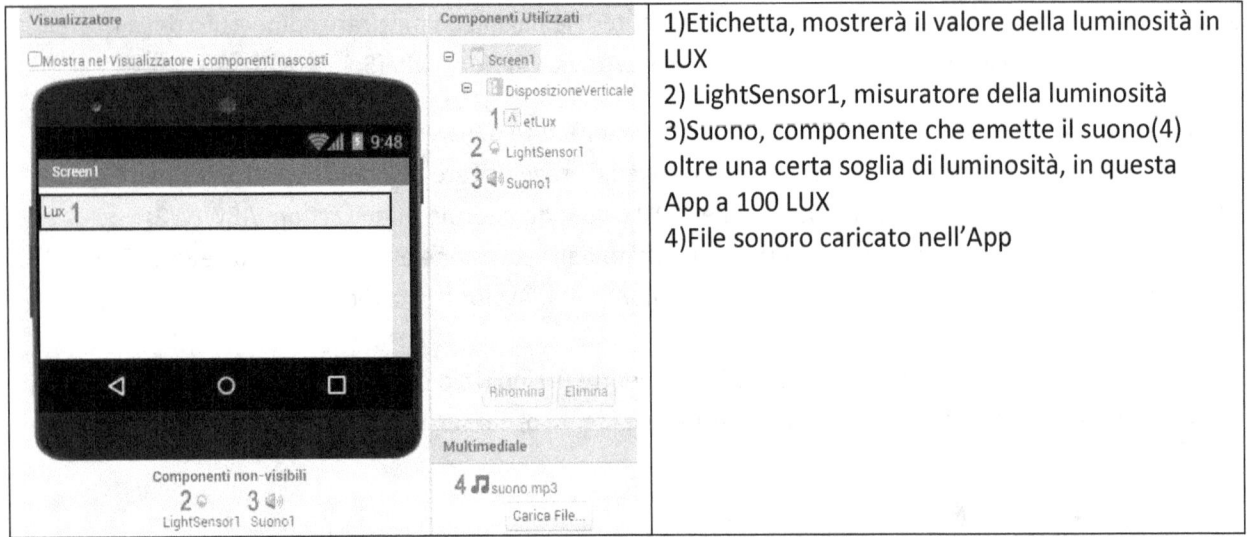

	1)Etichetta, mostrerà il valore della luminosità in LUX
	2) LightSensor1, misuratore della luminosità
	3)Suono, componente che emette il suono(4) oltre una certa soglia di luminosità, in questa App a 100 LUX
	4)File sonoro caricato nell'App

Blocco Screen1.Inizializza(A), va in esecuzione all'avvio dell'App. Abilita LightSensor(2a) settando su Vero.

Con un blocco testo assegna a Suono1.Sorgente(3a) il file sonoro "suono.mp3" già caricato nella App.

Blocco LightSensor1.LightChanged(2) rileva i cambi di luminosità nell'ambiente.

Il valore della luminosità si trova nel contenitore lux(L), va fatto click su esso, prelevare la barra contenete il valore da incastrarla in etLux.Testo(1), viene così mostrata sul display.

Per mezzo di un blocco se … allora(B) viene testato se la luminosità è superiore a 100 LUX(K).

Se l'esito è positivo va in esecuzione il blocco Suono1.Riproduci(3) fino a quando LUX non torna sotto 101.

Pedometer (conta passi)

Componente non visibile, utilizza i sensori di movimento del dispositivo (accelerometri).

Muovendosi portando il dispositivo permette di tenere il conteggio della quantità dei passi fatti.

L'impostazione predefinita dell'ampiezza di un passo è 0,73 metri, modificabile sulla lunghezza del passo dell'utilizzatore (è denominata lunghezza in ambiente Blocchi).

App_36Pedometer

Usando il componente SelettoreAScorrimento viene definita l'ampiezza del passo dell'utilizzatore.

Il SelettoreAScorrimento è come un componete SelettoreLista molto semplificato.

Tre pulsanti permettono d'effettuare: Star, Stop per fermare e Reset per azzerare prima di riavviare.

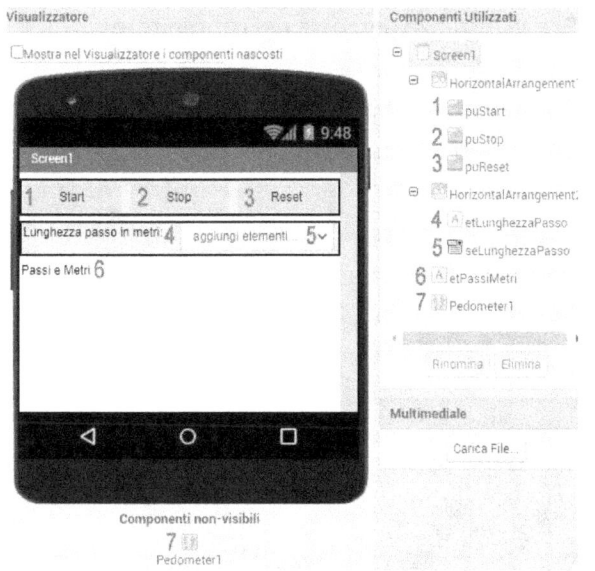

1)Pulsante Start, avvia o riavvia l'App
2)Pulsante Stop, ferma temporaneamente il conteggio
3)Pulsante Reset, ferma il conteggio e azera i dati.
4)Etichetta con istruzione d'uso per l'ampiezza del passo.
5) SelettoreAScorrimento con valori predefiniti per selezionare la lunghezza del passo,
6)Etichetta, mostra quantità passi fatti, distanza percorsa in metri e tempo trascorso in secondi.

Blocco Screen1.Inizializza(A), va in esecuzione all'avvio dell'App.

Utilizzando un blocco testo(B), vengono assegnati al componente SelettoreAScorrimento seLunghezzaPassoElemetiDaStringa (5a) i valori numerici per scegliere fra diverse ampiezze del passo.

```
per sempre quando  Screen1 ▾  Inizializza                                    B
esegui   imposta  seLunghezzaPasso ▾ 5a ElementiDaStringa ▾  a  " 5,6,7,8 "
A
```

Pulsante puStart(1), al click assegna ampiezza del passo in seLunghezzaPasso.Selezione(5b)
al Pedometer1,LunghezzaPasso(7a) ed
avvia il contapassi con il blocco Pedometer1.Avvia(7b)

```
per sempre quando  puStart ▾  .Cliccato                          5b
esegui   imposta  Pedometer1 ▾ 7a LunghezzaPasso ▾  a   seLunghezzaPasso ▾  Selezione ▾
1        esegui  Pedometer1 ▾  .Avvia  7b
```

Pulsante puStop(2), al click manda in esecuzione il blocco Pedometer1.Stop(7c)
fermando il conteggio dei passi ed il tempo.

```
per sempre quando  puStop ▾  .Cliccato
esegui   esegui  Pedometer1 ▾  .Stop  7c
2
```

Pulsante puReset(3), al click va in esecuzione il blocco Pedometer1.Stop(7c) fermando il conteggio dei passi
e del tempo.
Va in esecuzione il blocco Pedometer1.Resetta(7d), resetta i conteggi e
vuota l'Etichetta etPassiMetri.Testo(6) assegnandole un blocco testo vuoto(T).

```
per sempre quando  puReset ▾  .Cliccato
esegui   esegui  Pedometer1 ▾  .Stop  7c
3        esegui  Pedometer1 ▾  .Resetta  7d           T
         imposta  etPassiMetri ▾ 6 Testo ▾  a  "   "
```

Pedometro1.Passo(7), va in esecuzione al click sul pulsante Start(1).

Le quantità dei passi fatti si trova nel contenitore "passi"(P) e la distanza percorsa nel contenitore "distanza"(D), tutto in tempo reale.

Occorre fare click sui contenitori "passi"(P) e "distanza"(D) prelevando le barre contenenti i valori ed incastrarle nel blocco di testo unione che a sua volta assegna i valori all'Etichetta etPassiMetri.Testo(6) mostrando i valori sul display.

Il tempo che si trova nel blocco Pedometer1.TempoTrascorso(7e) è espresso in millisecondi, viene diviso per 1000 mostrando il risultati in secondi(N).

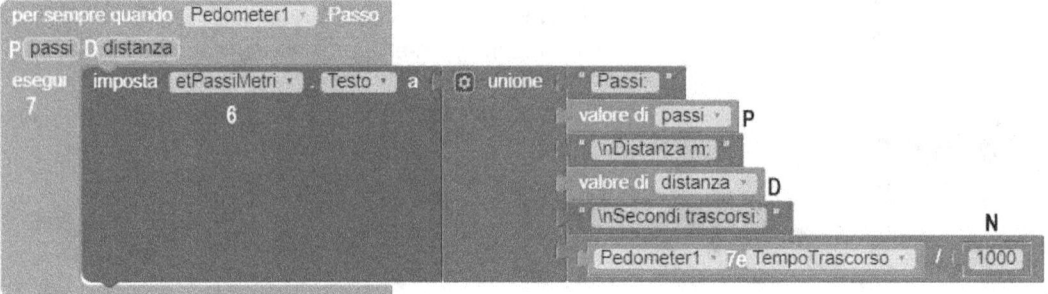

Social

Condivisione (Sharing)

Componente non visibile, consente di condividere file e/o messaggi mediante App installate sul dispositivo. Il componente visualizza l'elenco delle applicazioni in grado di gestire le informazioni consentendo all'utente di scegliere una della App per la condivisione.

Possono essere applicazioni di posta elettronica, social network, messaggi di testo ed anche cloud come Google Drive e Dropbox.

Il percorso del file può essere preso da altri componenti tipo SceltaImmagine o Fototamera oppure digitato direttamente, tenere conto che, per file omologhi, dispositivi diversi possono utilizzare percorsi differenti.

Ad esempio un file NomeFile.jpg che si trova nella cartella Appinventor/risorse del dispositivo, per app diverse il percorso potrebbe essere: "file:///sdcard/Appinventor/risorse/ NomeFile.jpg " oppure "/storage/Appinventor/risorse/ NomeFile.jpg "

App_37Condivisione

L'App mostra l'utilizzo del componente Condivisione (Sharing) in tre modi diversi.

- Da un SelettoreLista (ListPicker) l'utente può scegliere un messaggio predefinito.
- Avviata la Fotocamera (Camera) acquisire un'immagine e condividerla.
- Da un SelettoreImmagine (ImagePicker) l'utente può scegliere un'immagine presente nel dispositivo.

Una volta scelto il file o acquisita l'immagine appare una lista di App installate per la condivisione.

1)SelettoreLista, ogni voce contiene una frase
2)Pulsante, permette di lanciare il componete Fotocamera(5)
3)SelettoreImmagine, per selezionare un immagine
4)Condivisione, componente che permette la condivisione dati
5)Fotocamera.

Ad avvio App va in esecuzione il blocco Screen1.Inizializza(A), utilizzando un blocco testo(T1) assegna al SelettoreLista blocco slTesto.ElementiDaStringa(1a) tre frasi: Telefonami,Ho visto le ultime foto che hai condiviso, Nel fine settimana sono da te

Blocco SelettoreLista slTesto.TerminataSelezione(1), quando l'utente sceglie una frase essa si trova nel blocco slTesto.Selezione(1b), viene assegnata al blocco Condivisione.CondividiMessaggio(4).

Il blocco Condivisione.CondividiMessaggio(4) fa aprire la finestra con le App idonee alla condivisione.

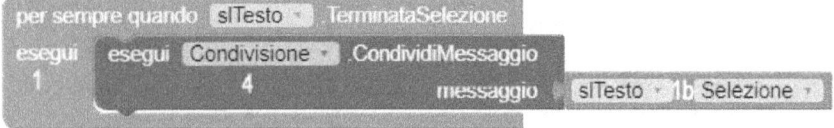

puScattaFotoCondividi(2), al click lancia il componente Fotocamera(5a)

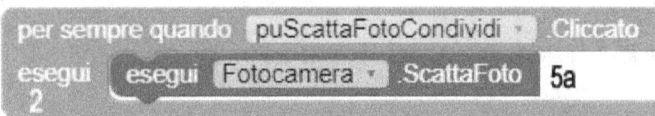

Blocco Fococamera.ScattataFoto(2), va in esecuzione dopo che la foto scattata è acquisita dall'operatore.

Il risultato si trova in immagine(i), va fatto click su esso e prelevare la barra risultato da incastrare nel blocco Condivisione.CondividiMessaggio(4) in aggancio "file", subito sotto in attacco "messaggio" una frase esplicativa con blocco testo(T2).

In automatico si apre la finestra con le App installate sul dispositivo ed idonee alla condivisione.

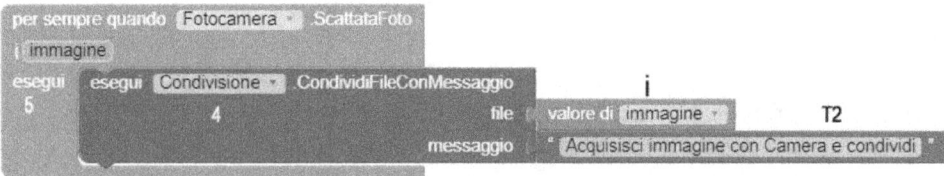

SelettoreImmagine slSelezionaDaGalleria.TerminataSelezione(3), la scelta dell'utente si trova nel blocco slSelezionaDaGalleria .Selezione(3a), viene assegnata al blocco Condivisione.CondividiMessaggio(4) in aggancio "file", subito sotto in attacco "messaggio" una frase esplicativa con blocco testo(T2).

In automatico si apre la finestra con le App installate sul dispositivo ed idonee alla condivisione.

SMS (Texting)

Componente non visibile permette di ricevere messaggi ed inviarne ad un numero di telefono specificato. Nella proprietà Messaggio deve essere specificato del testo, questo testo può essere poi inviato come SMS utilizzando il metodo InviaMessaggio.

Il ricevente del messaggio SMS deve essere specificato nella proprietà NumeroDiTelefono.

Il numero di telefono può contenere trattini, punti e parentesi es. (347)-72-341-87, gli spazi sono ignorati. Includendo nell'App anche il componente SelettoreNumeroTelefonico, il numero al quale inviare gli SMS può essere selezionato tra quelli memorizzati nella rubrica.

La proprietà RicezioneAbilitata può essere impostata in tremodi:

1. I messaggi non verranno ricevuti
2. I messaggi verranno ricevuti solo quando l'applicazione è in esecuzione.
3. I messaggi verranno ricevuti quando l'applicazione è in esecuzione mentre
   quando l'applicazione non è in esecuzione verranno posti in coda e verrà mostrata notifica all'utente.

All'arrivo di un SMS, quando l'App è in secondo piano oppure non è in esecuzione viene generato l'evento RicevutoMessaggio fornendo anche il numero del mittente

Con l'App in secondo piano il dispositivo mostrerà una notifica, selezionandola porterà l'App in primo.
Se l'utente ha un account Google Voice gli SMS possono essere inviati mediante Wifi usando Google Voice
che però funziona solo su telefoni che supportano Android 2.0 (Eclair) o successivo.
Gli SMS potrebbero anche essere inviarti anche senza l'interazione dell'utente chiamando
SendMessageDirect, ma questo necessita di autorizzazione che Google richiede per ragioni di sicurezza.

App_38SMS

L'App è in attesa di ricevere un messaggio, se il testo del messaggio contiene una parola prestabilita viene
inviato un messaggio di risposta.

Componenti non-visibili

1 ⬜   2 🗨

SMS1 SintesiVocale1

1)Componente per l'invio di SMS
2)Componente che permette di ascoltare il testo del messaggio

Il blocco SMS1.MessaggioRicevuto(1), sempre è in attesa di ricevere un messaggio di testo.
Il risultato della ricezione è recuperabile nei contenitori numero(N) e testoMessaggio(T), fare click su questi
e prelevare le barre risultato incastrandole in SMS.NumeroTelefonico(1a) e SMS.Messaggio(1b).

Viene verificato se il testo del messaggio ricevuto contiene una determinata parola in questo caso Android.
Il test viene fatto utilizzando i blocchi se ... allora(A) ed il blocco di testo "contiene"(B).
Se l'esito del test è negativo NON vanno in esecuzione i blocchi contenuti in allora.
Se l'esito del test è positivo vanno in esecuzione i blocchi contenuti in allora,
SintesiVocale1.PronunciaTesto(2) che ha nella presa "messaggio" il testo del messaggio SMS ricevuto,
al blocco SMS1.Messaggio(1c), usando un blocco unione, viene aggiunto il testo "Ho ricevuto il tuo
messaggio :" al testo SMS ricevuto e quindi inviato al mittente(1d)

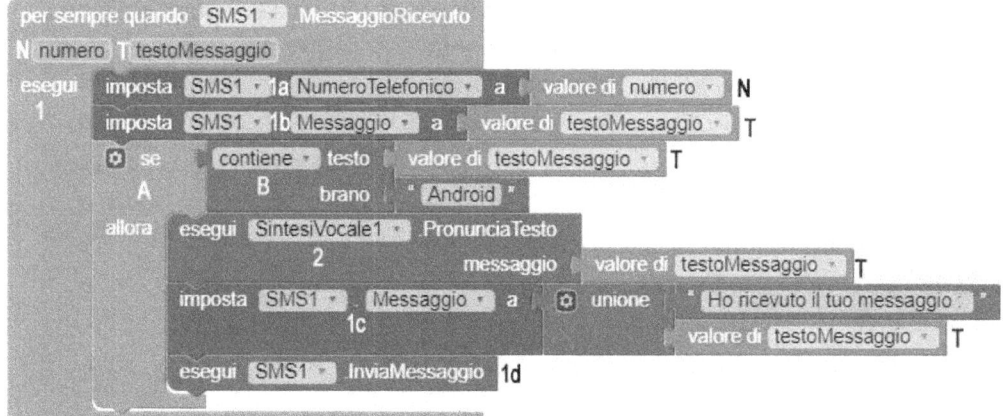

Le specifiche per le richieste di autorizzazioni Google sono documentate alla pagina
https://support.google.com/googleplay/android-
developer/answer/10208820?visit_id=637476124174594749-
1152006508&rd=1#intended&exceptions&invalid&alternatives&

esse forniscono una barriera agli utilizzi non autorizzati dall'utente/proprietario del dispositivo e riguardano
essenzialmente i dispositivi della sezione Social.
L'assenza di autorizzazione Google rende impossibile l'uso dei componenti App Inventor/social senza
passare dall'App predefinita del dispositivo ed autorizzazione dell'utente.

Connettività

AvvioAttività (ActivityStarter)

ActivityStarter, avviatore di attività, componente non visibile, può essere utilizzato per avviare altre applicazioni create personalmente oppure da altri sviluppatori.

Per avviare applicazioni è necessario conoscere le informazioni da fornire ad AvvioAttivita (ActivityStarter), conoscendo questi parametri è possibile avviare qualsiasi applicazione.

Da talune applicazioni, se sono state progettate per farlo, è possibile avere valori di ritorno.

Con AvvioAttivita è possibile avviare Google maps, creare tragitti con scelta del modo di compierli (auto, camminando ecc.) e passare anche a Street view, è possibile avviare g-mail con e-mail già preimpostata, avviare browser installati sul dispositivo andando ad una qualunque pagina e nel caso di YouTube, uno dei filmati presente sul sito.

La lista è lunghissima, dipende solo dalla conoscenza dei parametri delle applicazioni da avviare.

A queste pagine web http://developer.android.com/guide/components/intents-filters.html sono disponibili ulteriori spiegazioni e chiarimenti. (In inglese).

App_39MappaDaIndirizzo

Digitando in CasellaDiTesto i riferimenti ad un luogo, al click verrà mostrata la mappa sul display.

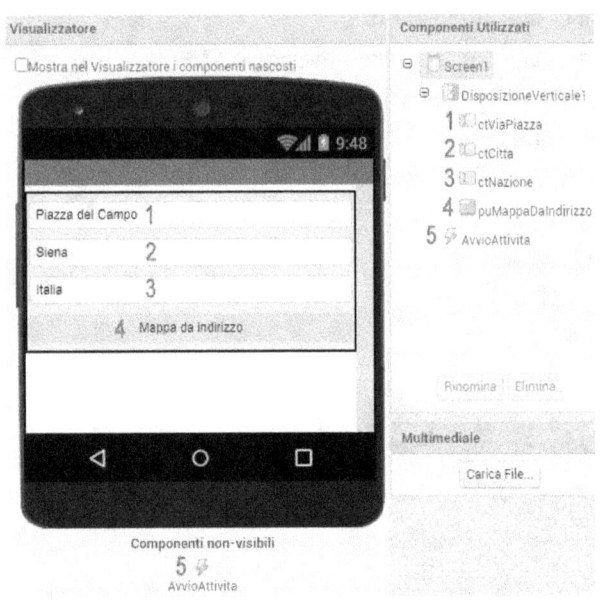

1)CasellaDiTesto, deve contenere via e numero
2)CasellaDiTesto, deve contenere città
3)CasellaDiTesto, deve contenere nazione
4)Pulsante, al click manda in esecuzione il codice per la creazione della mappa per quanto digitato nei componenti CasellaDiTesto
5)AvvioAttività

Pulsante puMappaDaIndirizzo(4), al click vanno in esecuzione i blocchi interni di AvvioAttività (ActivityStarter) che mostrano sul display la mappa relativa all'indirizzo scelto.

AvviaAttivita.Azione.Azione(5a), imposta l'azione con il blocco testo contenete android.intent.action.VIEW

AvviaAttivita.PackageAttivita(5b), imposta tipo di attività con il blocco testo com.google.android.apps.maps

AvviaAttivita.ClasseAttivita(5c), ClasseAttività con il blocco testo com.google.android.maps.MapsActivity

AvviaAttivita.UriDati (5d), con un blocco di testo "unione" assegna i valori necessari al completamento dell'attività, in questo caso la mappa della zona.

I valori necessari vengono assegnato formando una QueryString nel formato richiesto da Google.

Nel blocco testo(A), al comando geo:0,0?q=

q è una variabile che contiene tutto ciò che segue contenuto nei blocchi.

ctViaPiazza.Testo(1), ctCitta.Testo(2),ctNazione.Testo(3).

I blocco di testo (B1, B2) contengono ciascuno una virgola per delimitare la parti dell'indirizzo.

Infine il blocco AvvioAttivita.Testo (5) va in esecuzione creando la mappa sul display.

App_40MappaDaLatitudineLongitudine

Digitando Latitudine, Longitudine e livello di zoom, al click verrà mostrata sul display mappa Google per le coordinate date.

A scopo di verifica o preparazione di una app con indirizzo precompilato, le coordinate Google possono essere ottenute andando alla pagina web:

http://maps.google.it/maps?hl=it&tab=wl

vi si può accedere anche facendo click sulla voce maps alla pagina http://www.google.it/

Nella casella di ricerca digitare l'indirizzo che interessa, se il luogo non ha un indirizzo, digitare l'indirizzo del luogo più vicino, poi click sul pulsante che avvia la ricerca.

Una volta apparsa la mappa, fare zoom in modo che rimanga visibile il punto che interessa (non importa sia al centro della mappa).

Raggiunto il livello di zoom opportuno individuare il punto geografico desiderato.

In quel punto fare click con il pulsante destro del mouse.

Dalla tendina che si apre selezionare la voce "che cosa c'è qui?".

Verrà mostrata una freccia verde rivolta verso il basso.

Passare il mouse sulla freccia, verranno mostrate le coordinate, le stesse coordinate dovrebbero essere visibili anche nella casella di ricerca.

In questa App, al click su di un pulsante verrà mostrata la mappa di Piazza del Campo a Siena.

Per il livello di zoom inserire un numero da 1 a 17.

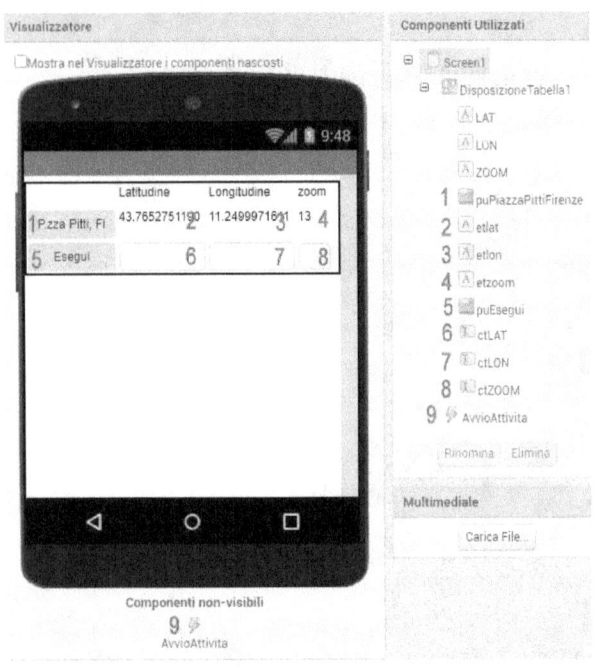

1)Pulsante per lanciare il codice che mostra la mappa di Firenze sul display per Lat. e Lon. precompilate

2)Etichetta, valore Latitudine

3) Etichetta, valore Longitudine

4) Etichetta, valore di Zoom

5)Pulsante per lanciare il codice che mostra la mappa sul display

6)CasellaDiTesto, digitare il valore di Latitudine

7)CasellaDiTesto, digitare il valore di Longitudine

8)CasellaDiTesto, digitare il valore di Zoom

9)Avvio Attività

Nello scrivere latitudine a longitudine occorre che i numeri decimali siano scritti nella dizione anglosassone dove il punto (.) e la virgola(,) sono invertiti rispetto alla dizione italiana.

Pulsante puPiazzaPittiFirenze (1), al click vanno in esecuzione i blocchi interni di AvvioAttività (ActivityStarter) che mostrano sul display la mappa relativa all'indirizzo scelto la mappa all'indirizzo indicato tramite Latitudine, Longitudine al livello di zoom impostato.

AvvioAttività.Azione(9a), imposta l'azione con il blocco testo contenente android.intent.action.VIEW

AvvioAttività.PackageAttivita(9b), imposta tipo attività con il blocco testo com.google.android.apps.maps

AvvioAttività.ClasseAttivita(9c), imposta ClasseAttività con com.google.android.maps.MapsActivity

AvvioAttività.UriDati (9d), con blocco testo "unione" assegna i valori usando una QueryString nel formato Google così composto:

Blocco testo(A) contiene "geo:"

blocco etlat.Testo contiene la Latitudine(2)

blocco di testo(B) contiene la virgola che separa Latitudine da Longitudine

blocco etlon.Testo contiene la Longitudine(3)

blocco di testo(C) contiene ?t=r&z= dove t è una variabile che contiene tutto ciò che segue

blocco etzoom.Testo contiene il livello di zoom (4)

Infine il blocco AvvioAttivita. AvvioAttivita(9) va in esecuzione disegnando la mappa sul display.

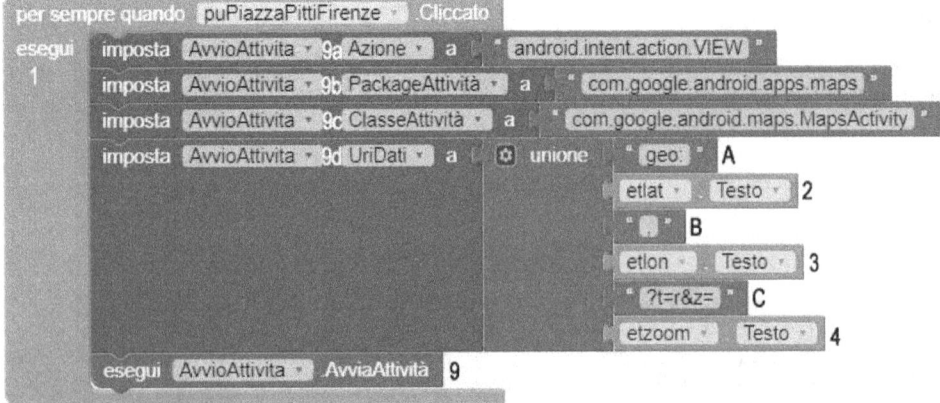

Pulsante puEsegui(5), al click vanno in esecuzione i blocchi interni di AvvioAttività (ActivityStarter) che mostrano sul display la mappa relativa all'indirizzo indicato mediante Latitudine, Longitudine e livello di zoom impostato.

AvvioAttività.Azione(9a), imposta l'azione con il blocco testo che contiene android.intent.action.VIEW

AvvioAttività.PackageAttivita(9b), imposta tipo attività con il blocco testo com.google.android.apps.maps

AvvioAttività.ClasseAttivita(9c), imposta ClasseAttività con com.google.android.maps.MapsActivity

AvvioAttività.UriDati (9d), con blocco unione assegna i valori usando una QueryString nel formato Google.

Blocco testo(A) contiene "geo:"

blocco etlat.Testo contiene la Latitudine(6)

blocco di testo(B) contiene la virgola che separa Latitudine da Longitudine

blocco etlon.Testo contiene la Longitudine(7)

blocco di testo(C) contiene ?t=r&z= dove t è una variabile che contiene tutto ciò che segue

blocco etzoom.Testo contiene il livello di zoom (8)

Infine il blocco AvvioAttivita. AvvioAttivita(9) va in esecuzione disegnando la mappa sul display.

App_41MappaStreetView

Digitando le coordinate di un luogo come Latutudine, Longitudine, livello di zoom e parametri fotocamera, al click verrà mostrato sul display lo StreetWiew del luogo.

Predefinito è lo StreetView su Piazza del campo in Siena, ma variando le coordinate è possibile portarsi su qualsivoglia luogo censito da Google.

Oltre alle coordinate è possibile inserire ulteriori valori opzionali, personalizzando lo StreetView.

- Vista della fotocamera in gradi rispetto al Nord Nord=0,Est=90,Sud=180,ovest=270
- Fotocamera in gradi, rispetto alla vista. Da 90 (verso l'alto) a -90 (verso il basso).
- Zoom sul panorama. 1.0 = zoom normale, 2.0 = 2x ingrandita, 3.0 = x3 ingrandita e così via.

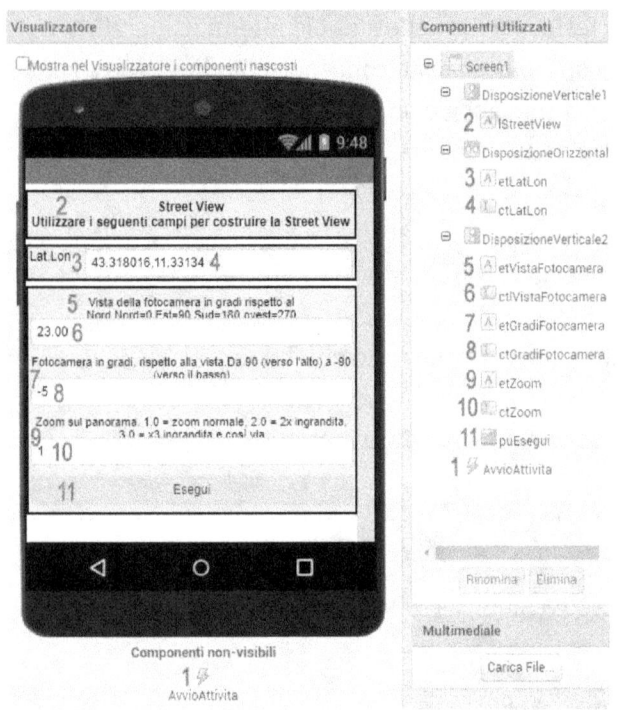

1)AvvioAttivita
2)Etichetta, StreetWiew
3)Etichetta, Lat ,Lon
4)CasellaDiTesto, inserire Latitudine e Longitudine con dizione anglosassone (punto e virgola invertiti)
5)Etichetta, spiegazioni per gradi fotocamera
6)CasellaDiTesto, parametri fotocamera
7)Etichetta, spiegazioni per vista fotocamera
8) CasellaDiTesto, parametri fotocamera
9) Etichetta, zoom
10) CasellaDiTesto, parametri zoom
11)Pulsante, al click manda in esecuzione StreetWiew

Pulsante puEsegui(11), al click è mostrato sul display lo StreetWiew del luogo per i parametri inseriti.

AvvioAttività.Azione(1a), imposta l'azione con il blocco testo contenete android.intent.action.VIEW

AvvioAttività.PackageAttivita(1b), imposta tipo di attività con il blocco testo com.google.android.apps.maps

AvvioAttività.ClasseAttivita(1c), imposta ClasseAttività con com.google.android.maps.MapsActivity

AvvioAttività.UriDati (1d), con blocco unione assegna i valori per completare l'attività:

Blocco testo con parametri Google: google.streetview:cbll= (A)

ctLatLon.Testo contiene Latitudine e Longitudine(4)

blocco testo contenente: "&cbp=1,"(B)

blocco ctVistaFotocamera.Testo(6)

blocco testo con 2 virgole per un parametro non necessario in questo contesto(C)

blocco ctZoom.Testo(10) per il liverllo di zoom

blocco testo con virgola per separazione

blocco ctGradiFotocamera.Testo(8) per i gradi della fotocamera.

Infine il blocco AvvioAttivita. AvvioAttivita (1) manda in esecuzione creando la mappa sul display.

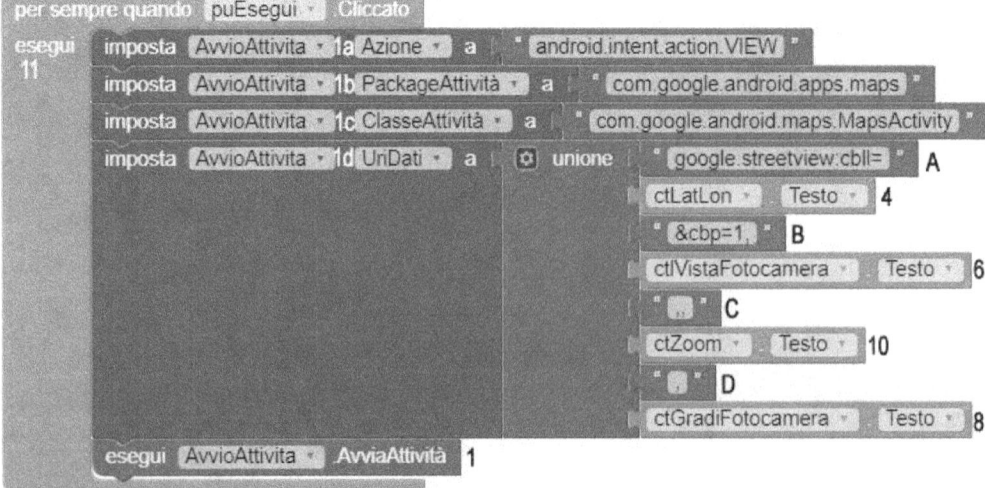

App_42MappaTragittoFraDueLuoghi

L'App calcola il tragitto fra 2 luoghi/indirizzi contenuti in due componenti CasellaDiTesto.
Al default, gli indirizzi dei luoghi sono precompilati, al loro posto è possibile digitarne altri a piacere.
Il tragitto può essere calcolato come percorso in auto, a piedi, oppure con mezzo pubblico.
Per meglio mettere in evidenza, su di un'unica mappa, la diversità fra i vari percorsi possibili è stata scelta
una zona del centro di Firenze dove la logistica del luogo massimizzata la diversità.

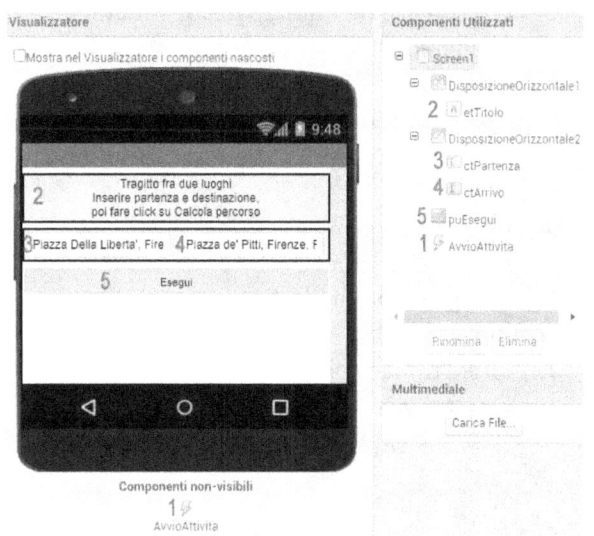

1)AvvioAttivita
2)Etichetta, titolo e istruzioni
3)CasellaDiTesto, indirizzo di partenza
4)CasellaDiTesto, indirizzo di destinazione
5)Pulsante che al click manda in esecuzione la
costruzione del tragitto.

Pulsante puEsegui(5), al click viene mostrato sul display il tragitto fra i due indirizzi indicati.
AvvioAttivita.Azione(1a), imposta l'azione con il blocco testo contenente android.intent.action.VIEW
AvvioAttivita.PackageAttivita(1b), imposta tipo di attività con blocco testo com.google.android.apps.maps
AvvioAttivita.ClasseAttivita(1c), imposta ClasseAttività con com.google.android.maps.MapsActivity
AvvioAttivita.UriDati (1d), con blocco "unione" assegna http://maps.google.com/?saddr=
le lettere saddr dopo il segno ? sono la variabile di una querystring,
Google riceve il contenuto di saddr e con questi parametri lancia l'applicazione per visualizzare il percorso
blocco ctPartenza.Testo(3) contiene l'indirizzo di partenza
blocco testo(A) contiene &daddr= dove il carattere & è il proseguimento della querystring
blocco ctArrivo.Testo(4) contiene l'indirizzo di arrivo.
Infine il blocco AvvioAttivita. AvvioAttivita(1) manda in esecuzione creando la mappa sul display.

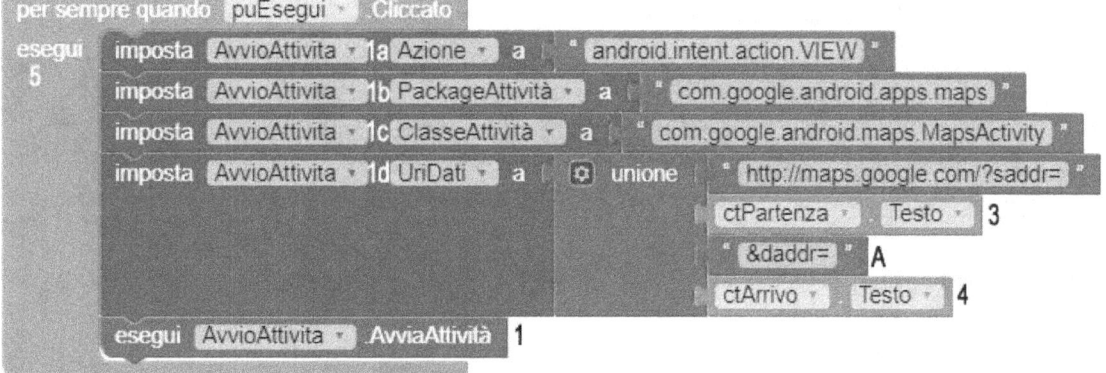

App_43_AvvioAttivita_12_esempi

1)Apre mappa Google in StreetWiew
2)Apre fotocamera
3)Apre sito web ad una pagina prestabilita
4)Apre YouTube ad una pagina/filmato prestabilita
5)Apre Gmail
6) Apre Gmail con indirizzo del destinatario precompilato
7)Apre Gmail con indirizzo del destinatario, oggetto e contenuto del body precompilati
8)Apre un elenco dei servizi in esecuzione sul dispositivo
9)Apre Whatsapp
10Apre la calcolatrice
11)Apre il gestore delle App installate sul dispositivo
12)Apre il Market di Google
13)AvvioAttivita

1 - Apre mappa Google in StreetWiew

AvvioAttivita.Azione a android.intent.action.VIEW
AvvioAttivita.UriDati a google.streetview:cbll=36.52856,-6.1922312&cbp
AvvioAtttività.AvviaAttività

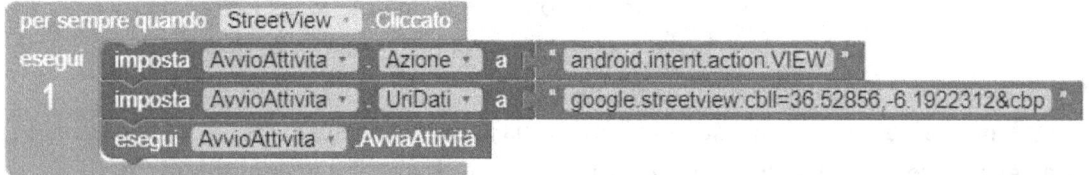

2 - Apre fotocamera

AvvioAttivita.Azione a android.intent.action.VIEW
AvvioAttivita.Azione a android.media.action.STILL_IMAGE_CAMERA
AvvioAtttività.AvviaAttività

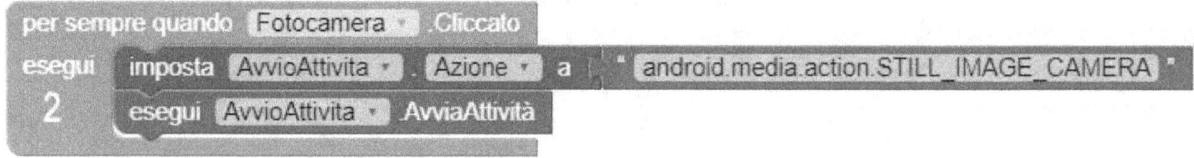

3 - Apre sito web ad una pagina prestabilita

AvvioAttivita.Azione a android.intent.action.VIEW
AvvioAttivita.UriDati a http://it.wikipedia.org/wiki/Fiorentina
Apre il sito web wikipedia alla pagina della squadra di calcio Fiorentina

AvvioAtttività.AvviaAttività

4 - Apre YouTube ad una pagina/filmato prestabilita

AvvioAttivita.Azione a android.intent.action.VIEW

AvvioAttivita.UriDati a com.google.android.youtube

AvvioAttivita.ClasseAttivita a com.google.android.youtube.HomeActivity

AvvioAtttività.AvviaAttività

5 - Apre Gmail

AvvioAttivita.Azione a android.intent.action.VIEW

AvvioAttivita.UriDati a com.google.android.gm

AvvioAttivita.ClasseAttivita a com.google.android.gm.ConversationListActivityGmail

AvvioAtttività.AvviaAttività

6 - Apre Gmail con indirizzo del destinatario precompilato

AvvioAttivita.Azione a android.intent.action.VIEW

AvvioAttivita.UriDati a mailto:NomeRicevente@dominio.com

AvvioAtttività.AvviaAttività

7 - Apre Gmail con indirizzo del destinatario, oggetto e contenuto del body precompilati

AvvioAttivita.Azione a android.intent.action.VIEW

AvvioAttivita.UriDati a mailto:destinatario@dominio.com?subject=Soggetto&body=Testo messaggio body

AvvioAtttività.AvviaAttività

8 - Apre un elenco dei servizi in esecuzione sul dispositivo

AvvioAttivita.Azione a android.intent.action.VIEW
AvvioAttivita.UriDati a com.android.setting
AvvioAttivita.ClasseAttivita a com.android.settings.RunningServices
AvvioAtttività.AvviaAttività

9 - Apre Whatsapp

AvvioAttivita.Azione a android.intent.action.VIEW
AvvioAttivita.UriDati a com.whatsapp
AvvioAttivita.ClasseAttivita a com.whatsapp.Main
AvvioAtttività.AvviaAttività

10 - Apre la calcolatrice

AvvioAttivita.Azione a android.intent.action.VIEW
AvvioAttivita.UriDati a com.android.calculator2.Calculator
AvvioAttivita.ClasseAttivita a com.android.calculator2
AvvioAtttività.AvviaAttività

11 - Apre il gestore delle App instalalte sul dispositivo

AvvioAttivita.Azione a android.intent.action.VIEW

AvvioAttivita.UriDati a com.android.settings

AvvioAttivita.ClasseAttivita a com.android.settings.ManageApplications

AvvioAtttività.AvviaAttività

```
per sempre quando  GestoreApp ▾ .Cliccato
esegui    imposta  AvvioAttivita ▾ . Azione ▾  a    " android.intent.action.MAIN "
  11      imposta  AvvioAttivita ▾ . PackageAttività ▾  a    " com.android.settings "
          imposta  AvvioAttivita ▾ . ClasseAttività ▾  a    " com.android.settings.ManageApplications "
          esegui  AvvioAttivita ▾ .AvviaAttività
```

12 - Apre il Market di Google

AvvioAttivita.Azione a android.intent.action.VIEW

AvvioAttivita.UriDati a com.android.vending

AvvioAttivita.ClasseAttivita a com.android.vending.AssetBrowserActivity

AvvioAtttività.AvviaAttività

```
per sempre quando  Market ▾ .Cliccato
esegui    imposta  AvvioAttivita ▾ . Azione ▾  a    " android.intent.action.MAIN "
  12      imposta  AvvioAttivita ▾ . PackageAttività ▾  a    " com.android.vending "
          imposta  AvvioAttivita ▾ . ClasseAttività ▾  a    " com.android.vending.AssetBrowserActivity "
          esegui  AvvioAttivita ▾ .AvviaAttività
```

Archiviazione

Per archivio è inteso un insieme di informazioni avente fra loro un nesso logico ed organizzate in modo tale da renderne facile la consultazione

I dati contenuti negli archivi, per essere reperibili a distanza di tempo, vengono conservati in supporti di memoria dove è possibile scrive, leggere, aggiornare e cancellare i dati.

Una volta programmati i computer gestiscono queste operazioni in maniera automatica.

TinyDB

In informatica il termine database indica un insieme di archivi collegati fra loro sulla base di un modello logico (relazionale, reticolare, eccetera) in modo da consentire la gestione dei dati contenuti.

Nei database le informazioni, cioè i dati, risiedono in maniera permanente su di un supporto fisico e non vengono persi allo spegnimento della macchina ospitante.

TinyDB permette la gestione di un database su di un dispositivo Sistema Operativo Android.

Per gestione viene inteso: inserimento, interrogazione, ricerca, aggiornamento e cancellazione.

I dati memorizzati con TinyDB saranno disponibili ogni volta che l'app viene eseguita come ad esempio per un gioco che salva il punteggio e lo recupera ogni qualvolta sia necessario.

Con TinyDB il salvataggio dei dati avviene come coppia Nome/Valore.

Nome è il termine con il quale vengono identificati i dati e Valore i dati associati al Nome.

Come sacchi, contraddistinti da un'Etichetta (Nome), che contengono, ciascuno, oggetti (Valore).

I blocchi che eseguono queste operazioni sono:

- MemorizzaValore (etichetta, ValoreDaMemorizzare), scrive il valore (contatto telefonico, frase, punteggio, mappa, sms, eccetera) e lo identifica con Etichetta (UnaParolaQualsiasi).
- OttieniValore (etichetta), recupera (legge) i dati identificati dall'etichetta Mostra valoreSeEtichettaNonPresente (con blocco testo)
- OttieniEtichette, mostra tutto il contentito del database

Nella gestione delle etichette TinyDB fa distinzione fra lettere maiuscole e minuscole.

Con TinyDB è possibile condividere i dati fra diversi screen della stessa App ma non condividerli fra due diverse app anche se installate nello stesso dispositivo.

Occorre tenere presente che testando varie App con AI Companion, tutte le app condivideranno lo stesso spazio di archiviazione, possono così aversi sovrapposizioni falsando i dati.

Il problema non si pone quando le App sono compilate come apk ed installate sul dispositivo.

I dati vengono salvati in file XML (eXtensible Markup Language), linguaggio marcatore basato su un meccanismo sintattico che consente di definire e controllare il significato degli elementi di un documento. Si tratta di testo senza formattazione, (senza maiuscolo, grassetto, italico ecc.) che può anche essere letto e modificato con i più comuni editor testuali.

App_44TinyDB

Salva come coppia Nome/Valore e, inserendo in nome carica/visualizza il contenuto del file.

Utilizzando un File Manager è possibile verificare posizione, esistenza e contenuto di quanto salvato.

1)Etichetta, ricorda che va inserito un nome
2)CasellaDiTesto, Nome da inserire
3)Etichetta, ricorda che vanno inserita anni, numero
4)CasellaDiTesto, Numero anni da inserire
5)Pulsante, al click memorizza Nome(Tag) e Anni(valore)
6)CasellaDiTesto, Nome da inserire per leggere gli anni
7)Pulsante, al click legge il valore abbinato al Nome(Tag) in CasellaDiTesto 6.
8)Etichetta, ricorda il Nome(Tag) letto
9)Etichetta, valore letto per il Nome(Tag) in CasellaDiTesto 6
10)Pulsante, cancella tutti i dati dell'archivio
11)TinyDB
12)Notifiche, comunica avvenuta memorizzazione Nome/Valore

Pulsante puSalva(5), al click viene letto il contenuto delle CasellaIDiTesto ctNomeSalva.Testo(2) e ctAnniSalva.Testo(4).

Il loro contenuto viene assegnato al componente TinyDB.MemorizzaValore(11) dove i valori contenuti in ctNomeSalva.Testo(2) è memorizzato come etichetta e

ctAnniSalva.Testo(4) è memorizzato come valore.

Va in esecuzione il componente Notifiche.MostraAvviso(12) che utilizzando un blocco "testo"mostra il messaggio "Salvataggio effettuato".

Vanno in esecuzione le barre ctNomeSalva.Testo(2a) e ctAnniSalva.Testo(4a) alle quali sono assegnate barre "testo" vuote mostrando le rispettive CasellaIDiTesto vuote sul display.

Pulsante puLeggi(5), al click va in esecuzione la lettura del valore legato all'etichetta contenuta nel componente CasellaDiTesto ctNomeLeggi.Testo(6).

Il testo contenuto in ctNomeLeggi.Testo(6) viene assegnato nell'Etichetta etNomeLetto.Testo(8) per essere visibile sul display.

Nel caso il contenuto in ctNomeLeggi.Testo(6) non esista va in esecuzione il contenuto della presa "valoreSeEtichettaNonPresente", in questo esempio "Non esiste" assegnato con blocco testo.(K)

Il testo contenuto in ctNomeLeggi.Testo(6) viene assegnato al componente TinyDB.OttieniValore(11) nella prese "etichetta" per ottenere il valore assegnatole.

Ottenuto il valore, questo viene posto nell'Etichetta etAnniLetto,Testo(9) visibile sul display.

In ultimo viene svuotata CasellaDiTesto ctNomeLeggi.Testo(6).

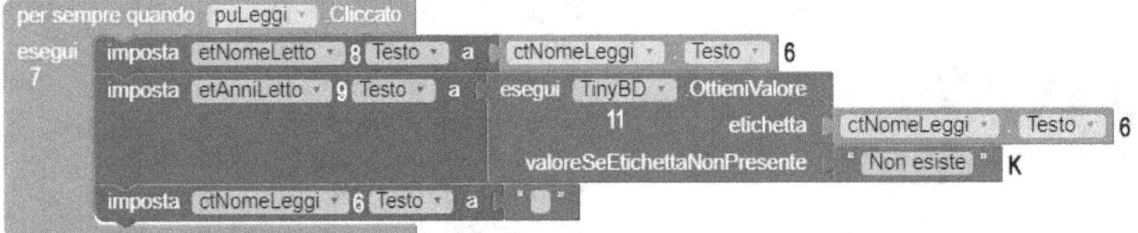

Pulsante puCancellaArchivio, al click manda in esecuzione il blocco TinyDB.CancellaTutto(11)

App_45TinyDB_e_liste

Con TinyDB vengono memorizzati dati nel formato Nome/Valore.

Conoscendone il nome i dati possono essere letti, cambiati, eliminati.

Il componente TinyDB può anche essere usato gestendo le liste.

Per la gestione liste vedere il capitolo **SelettoreLista (ListPicker)** e **App_04GestioneListe**.

In questa App è disponibile il componente SelettoreLista dove i NOME vengono aggiornati ad ogni operazione fatta con TinyDB.

Nella lettura da SelettoreLista è recuperabile solo NOME, mentre il valore viene perso ed al suo posto è identificabile l'ID della voce.

In una App complessa, può permettere, ad esempio, la creazione di un menù dinamico che si aggiorna con l'aggiornarsi del database.

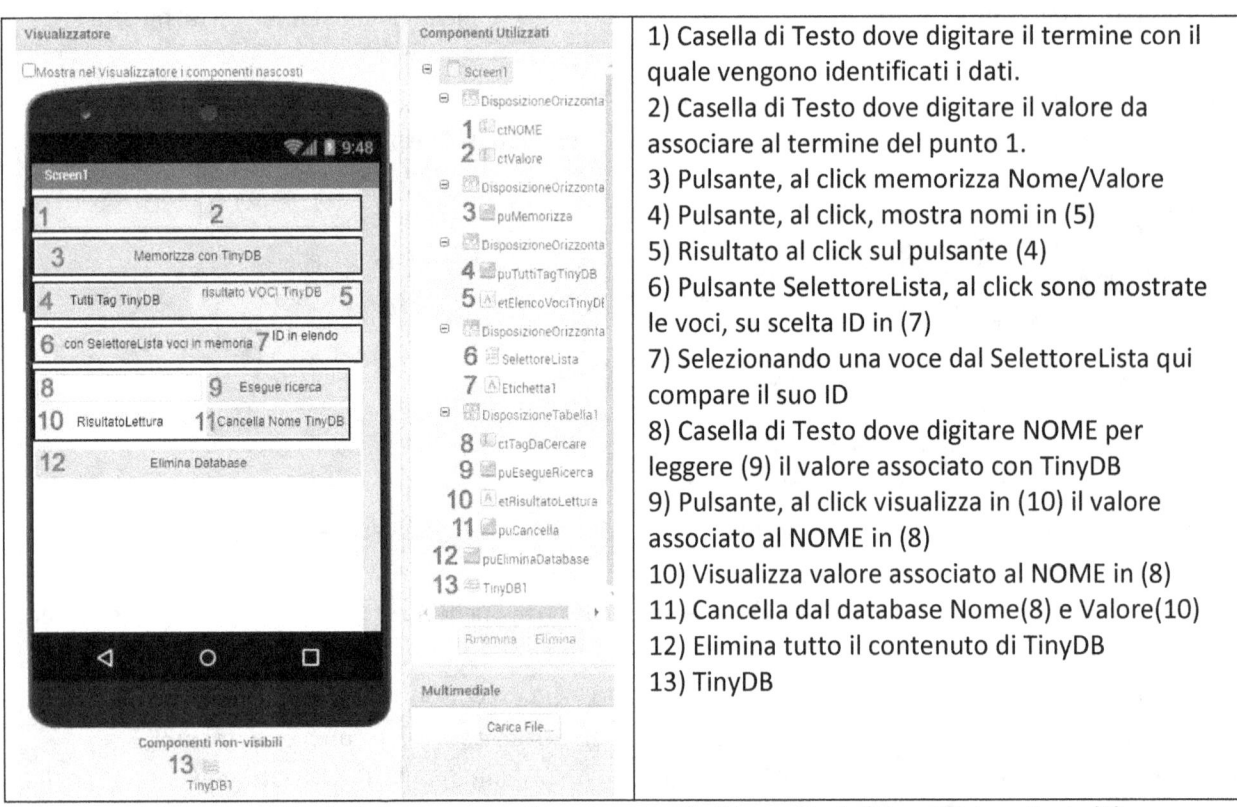

1) Casella di Testo dove digitare il termine con il quale vengono identificati i dati.
2) Casella di Testo dove digitare il valore da associare al termine del punto 1.
3) Pulsante, al click memorizza Nome/Valore
4) Pulsante, al click, mostra nomi in (5)
5) Risultato al click sul pulsante (4)
6) Pulsante SelettoreLista, al click sono mostrate le voci, su scelta ID in (7)
7) Selezionando una voce dal SelettoreLista qui compare il suo ID
8) Casella di Testo dove digitare NOME per leggere (9) il valore associato con TinyDB
9) Pulsante, al click visualizza in (10) il valore associato al NOME in (8)
10) Visualizza valore associato al NOME in (8)
11) Cancella dal database Nome(8) e Valore(10)
12) Elimina tutto il contenuto di TinyDB
13) TinyDB

Pulsante puMemorizza(3), al click memorizza il contenuto di ctNome.Testo(1) e ctValore.Testo(2)

Campi testo ctNOME.Testo(1) e ctValore.Testo(2) contengono NOME e Valore digitati dall'utente vengono assegnati al blocco TinyDB1.MemorizzaValore(13a) rispettivamente alle prese "etichetta"()1 ed valoreDaMemorizzare(2).

Blocchi ctNOME.Testo(1a) ed ctValore.Testo(2a) sono vuotati dopo memorizzazione assegnando il valore di blocchi con blocchi testo vuoti.

blocco SelettoreLista.Elementi(6), con il blocco TinyDB1.OttieniEtichette gli vengono assegnati tutte le "etichette" memorizzate con TinyDB1

In ultimo, ctValore.NascondiTastiera(K), viene nascosta la tastiera virtuale.

Pulsante "puTuttiTagTinyDB"(4), al click legge le tutte "etichette" salvate nel dispositivo con TinyDB1 e le mette a video assegnando il contenuto di TinyDB1.OttieniEtichette(13b) a etElencoVociTinyDB.Testo(5), assegna a SelettoreLista.Elemeti(3) le stesse "etichette" contenute in TinyDB1.OttieniEtichette(13b)

SelettoreLista.TerminataSelezione(6), al click sono mostrate le voci sul display assegnando all'etichetta Etichetta1.Testo(7) il contenuto di SelettoreLista.PosizioneSelezione(6a)

Pulsante "puEsegueRicerca"(4), al click legge il valore contenuto in ctTagDaCercare.Testo(8) assegnandolo a TinyDB1.OttieniValore(13c) come "etichetta".

Il blocco TinyDB1 legge il Valore dal dispositivo memorizzandolo nell'etichetta etRisultatoLettura.Testo(10) rendendolo visibile sul display.

Nel caso il contenuto in ctTagDaCercare.Testo(8) nel dispositivo non esista come etichetta, va in esecuzione il contenuto della presa "valoreSeEtichettaNonPresente", in questo esempio "Valore non trovato" assegnato con blocco testo.(T1)

In ultimo, ctTagDaCercare.NascondiTastiera, viene nascosta la tastiera virtuale(K).

Pulsante "puCancella"(11), al click legge il valore contenuto in ctTagDaCercare.Testo(8) e lo assegna al blocco TinyDB1.CancellaEtichetta(13d) alla presa "etichetta " cancellando l'etichetta dal dispositivo.
Al blocco SelettoreLista.Elementi(3) viene assegnato il nuovo elenco di etichette con TinyDB1.OttieniEtichette(13b).

Pulsante "puEliminaDatabase"(12), al click manda in esecuzione il blocco TinyDB1.CancellaTutto(13e) eliminando il database.

Quindi al blocco SelettoreLista.Elementi(3) viene assegnato il nuovo elenco di etichette con TinyDB1.OttieniEtichette(13b), in questo caso un elenco vuoto.

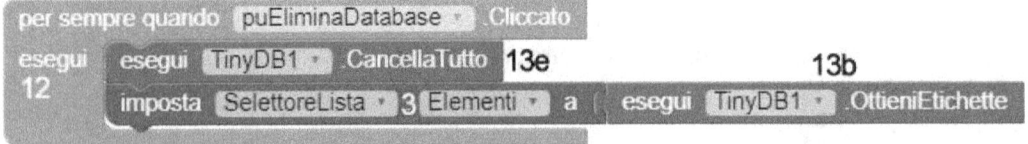

File

Componente non visibile per archiviare e recuperare i file sul dispositivo, valida alternativa a TinyDB.

I file vengono scritti nella directory privata associata all'App (comportamento predefinito).

Durante i test con Companion i file possono essere scritti in /sdcard/AppInventor/data.

Se il percorso del file inizia con una barra (/), il file viene creato in /sdcard.

Per esempio /MioFile.txt il file sarà scritto in /sdcard/ MioFile.txt.

App_46File

Salva come coppia Nome/Valore e, inserendo il nome carica/visualizza il contenuto del file.

Utilizzando un File Manager è possibile verificare posizione ed esistenza del file.

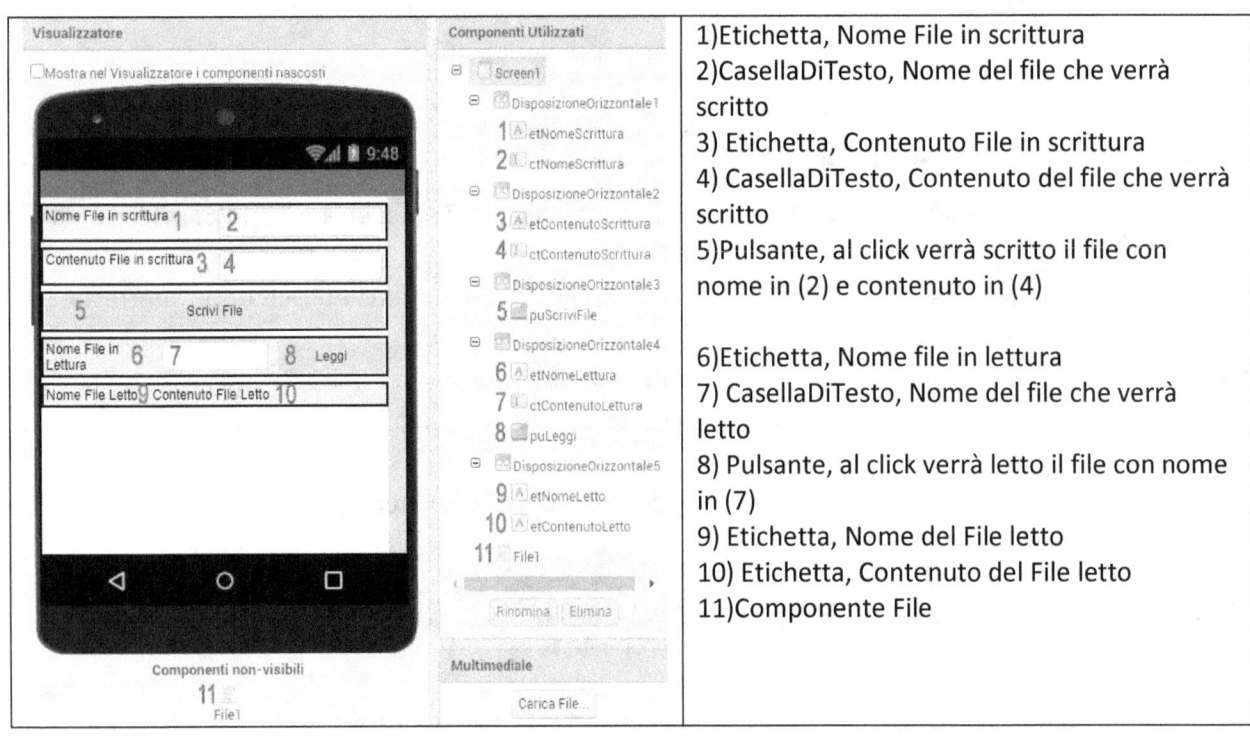

	1)Etichetta, Nome File in scrittura
	2)CasellaDiTesto, Nome del file che verrà scritto
	3) Etichetta, Contenuto File in scrittura
	4) CasellaDiTesto, Contenuto del file che verrà scritto
	5)Pulsante, al click verrà scritto il file con nome in (2) e contenuto in (4)
	6)Etichetta, Nome file in lettura
	7) CasellaDiTesto, Nome del file che verrà letto
	8) Pulsante, al click verrà letto il file con nome in (7)
	9) Etichetta, Nome del File letto
	10) Etichetta, Contenuto del File letto
	11)Componente File

-Scrivere un file

Pulsante puScriveFile(5), al click scrive un file sul dispositivo.

Va in esecuzione il blocco File1.SalvaFile(11) ed alla presa testo viene assegnato il contenuto di ctContenutoScrittura.Testo(2) che è il contenuto del file da memorizzare.

Al blocco File1.SalvaFile(11), alla presa "nomeFile", usando un blocco testo "unione" viene assegnato il percorso dove il file sarà memorizzato ed il nome del file con sua estensione, in questo caso txt cosi composto:

Blocco testo con barra "/" per memorizzare il file creato in /sdcard blocco ctNomeScrittura.Testo(4), nome del file memorizzato

blocco testo contenete ".txt" estensione per file di testo (notare il punto prima di txt)

Vengono poi vuotati i blocchi ctContenutoScrittura.Testo(2a) e ctNomeScrittura.Testo(4a) assegnando ad entrambi un blocco testo vuoto.

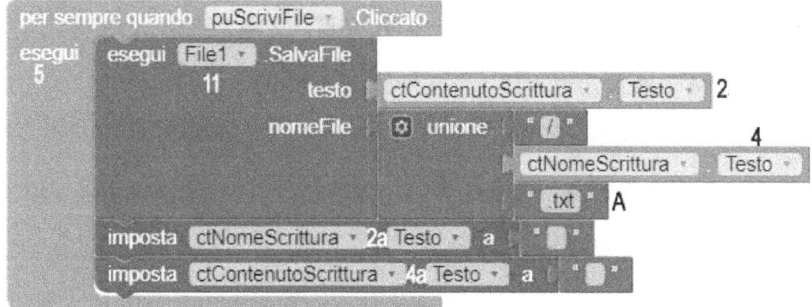

Pulsante puLeggi(8), al click viene letto un file ed il suo contenuto.

Va in esecuzione il blocco File1.LeggiDa(11) il quale ha incastrato nella presa "nomeFile" un blocco testo "unione contenete percorso del file, suo nome ed estensione.

-Leggere un file

Blocco testo con barra "/" per recuperare il file memorizzato in /sdcard

blocco ctNomeLetture.Testo(7), contenente il nome del file da leggere

blocco testo contenete ".txt" estensione per file di testo (notare il punto prima di txt)

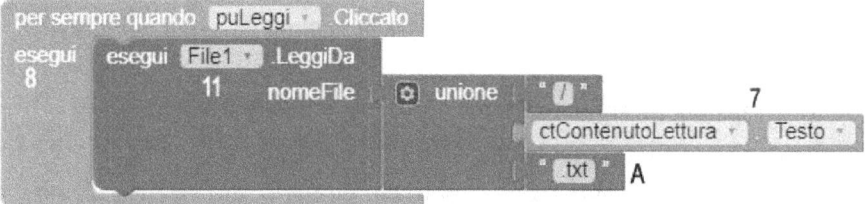

A termine lettura del file va in esecuzione il blocco File1.LettureFileCompletata(11).

Il risultato della lettura si trova nei contenitore testo(T) su cui va fatto click e prelevare la barra risultato da incastrare, usando il blocco testo "unione"(U1), in etContenutoLetto.Testo(10) per essere visto sul display.

Al blocco etNomeLetto.Testo(9), usando blocco testo "unione"(U2), viene assegnato il nome del file letto(7)

il blocco ctContenutoLettura.Testo viene vuotato(7a) con blocco testo vuoto.

Estensioni

Le estensioni sono dei componenti non nativi di App Inventor ma creati da programmatori per aggiungere funzionalità ai componenti esistenti.
Come creare estensioni esula da questa guida per principianti perché i componenti estensione devono essere creati programmando in Java, è però importante sapere dove reperirli e come utilizzarli.

Le estensioni di App Inventor sono file con estensione.aix, possono essere scaricate da molti siti Internet fra i quali:

- Deposito ufficiale del MIT : https://mit-cml.github.io/extensions/
- Pura Vida : https://puravidaapps.com/extensions.php
- WxBit : https://www.wxbit.com/

Come aggiungere estensioni alle App

Per aggiungere una estensione è opportuno avere scaricato sul proprio PC il file che la contiene.
Non è l'unica opzione ma la più pratica perché in questo modo l'estensione è sempre a disposizione anche, se necessario, per altre App, è però anche possibile installarla in App direttamente dalla rete.

Come installare un'estensione

In ambiente Progettazione, nella colonna componenti disponibili, scrollare la pagina fino a individuare extension, normalmente l'ultima voce.
Fare click su extension e poi su Import extension, saranno disponibili due scelte, inserire l'url dal quale scaricare l'estensione, oppure caricare un file .aix dal computer.
L'estensione .aix è scritta in linguaggio java appositamente confezionato per girare in App Inventor 2, ma poiché App Inventor 2 è in costante evoluzione alcune estensioni potrebbero divenire obsolete ed è bene controllare la descrizione prima di scaricarle o installarle.
A procedura completata sarà visibile una nuova voce nella sezione extension con il nome dell'estensione.
Occorre trascinare l'estensione nel Visualizzatore per usufruire delle sue funzionalità.
Al momento (giugno 2021) tutte le estensioni sono componenti non visibili (come l'orologio o TinyDB).
In ambiente Blocchi sarà disponibile la sezione dell'estensione contenete i blocchi delle funzionalità.
Al momento di esportare la App in formato .aia oppure apk, essa conterrà anche le estensioni utilizzate.

App_47EstensioneTaifunSharing

Offre la funzionalità del componente Condivisione con funzioni aggiuntive.
Estensione offerta da Taifun http://puravidaapps.com/
This work by Pura Vida Apps is licensed under a Creative Commons Attribution-ShareAlike 3.0 Unported License with attribution (name=Pura Vida Apps and link to the source site) required.
Autorizzazioni richieste: android.permission.READ_EXTERNAL_STORAGE

- Con i metodi di condivisione predefiniti dovrebbe sempre aprirsi la finestra di dialogo Scelta applicazioni.
- Possibile regolare il testo della finestra di dialogo predefinita del selettore di app.
- Offre metodo extra per condividere tramite Whatsapp, senza aprire la finestra di dialogo seleziona app.

Proprietà

 E1

Imposta il testo nella finestra di dialogo di condivisione.

L'impostazione predefinita è "Condividi utilizzando".

Metodi

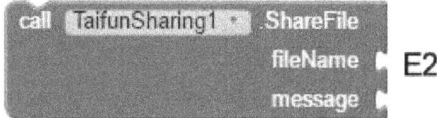 E2

Condivide sia un file che un messaggio tramite qualsiasi applicazione compatibile installata sul telefono.

Visualizza un elenco di App disponibili consentendo all'utente di sceglierne.

L'app selezionata si aprirà con il file e il messaggio inseriti su di essa.

Il messaggio può anche essere vuoto per inviare solo un file senza messaggio.

Non è possibile condividere un file direttamente dalle risorse dell'App.

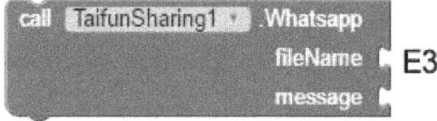 E3

Condivide sia un file che un messaggio tramite Whatsapp senza aprire il selettore di app.

FileName o il messaggio potrebbero anche essere vuoti.

Non è possibile condividere un file direttamente dalle risorse dell'App.

 E4

Condivide un messaggio tramite qualsiasi applicazione compatibile installata sul telefono.

Visualizza un elenco delle app disponibili e consentendo all'utente di sceglierne una dall'elenco.

L'app selezionata si aprirà con il messaggio inserito su di essa.

(schermata editor App Inventor)	1)Pulsante per scattare foto 2)Pulsante per condividere messaggio di testo 3)Pulsante per condividere File. Per file è inteso il file della foto scattata **4)Pulsante per condividere con WhatsApp senza dalla selezione di una App per la condivisione.** 5)CasellaDiTesto dove l'utente può scrivere il messaggio da inviare. 6)Immagine, per foto acquisita 7)Nome dell'immagine acquisita 8)Fotocamera 9)Estensione TaifunSharing 10)Logo dell'estensione/proprietario App

Viene dichiarata la Variabile globale(F), conterrà l'immagine da condividere.

Variabile necessaria perché il valore/immagine andrebbe perso al di fuori del blocco di acquisizione.

F `inizializza variabile globale (FOTO) con valore " 🔲 "`

Pulsante puScattaFoto(1), al click va in esecuzione la fotocamera(8) che permette di scattare foto.

`per sempre quando  puScattaFoto ▾ .Cliccato`
`esegui  esegui Fotocamera ▾ .ScattaFoto  8`
`1`

-Scattare la foto

Una volta scattata, la foto ed acquisita facendo click sul segno di spunta, va in esecuzione il blocco Fotocamera.ScattataFoto(8a).

La foto scattata è sul dispositivo, il risultato da visualizzare come percorso per raggiungerla si trova nel contenitore immagine(i), va fatto click su esso, prelevarlo e incastrarlo nella variabile globale FOTO(F).

Usare la variabile globale è necessario perché il valore andrebbe perso al di fuori di questo blocco.

Il valore dalla variabile FOTO(F) è assegnato al blocco Immagine(6) che mostra l'immagine sul display.

Il valore dalla variabile FOTO(F) è assegnato al blocco NomeImmagine.Testo(6) che mostra sul dispositivo, il percorso necessario a raggiungere l'immagine.

`per sempre quando  Fotocamera ▾ .ScattataFoto`
`i immagine`
`esegui  porta global FOTO ▾ a valore  valore di immagine ▾ i`
`8a  imposta Immagine ▾ 6 Immagine ▾ a  valore di global FOTO ▾ F`
`imposta NomeImmagine ▾ 7 Testo ▾ a  valore di global FOTO ▾ F`

-Condividi file

Pulsante puCondividiFile(3), al click viene condivisa l'immagine acquisita con la fotocamera.

Imposta il testo nella finestra di dialogo di condivisione(E1) assegnando con un blocco testo il messaggio "Condividi messaggio utilizzando".

Visualizza l'elenco di App consentendo di sceglie con quale condividere il file con il blocco dell'estensione TaifunSharing1.CondividiFile(E2).

NomeFile è il percorso al file il contenuto nella variabile globale FOTO(F).

Messaggio è il contenuto del componente CasellaDiTesto, blocco ctMessaggio.Testo(5)

`per sempre quando  puCondividiFile ▾ .Cliccato`
`esegui  imposta TaifunSharing1 E1 DialogDefaultText ▾ a  " Condividi messaggio utilizzando "`
`3  esegui TaifunSharing1 ▾ .CondividiFile`
`E2  nomeFile  valore di global FOTO ▾ F`
`messaggio  ctMessaggio ▾ . Testo ▾ 5`

-Condividi File con Whatsapp

Pulsante puCondividiFileConWhatsapp(4), al click viene condivisa, usando il blocco dell'estensione TaifunSharing1.Whatsapp(E3), l'immagine acquisita con la fotocamera senza visualizzare l'elenco di App.

nella presa NomeFile viene assegnato il percorso al file il contenuto della variabile globale FOTO(F).

nella presa Messaggio viene assegnato il contenuto del componente CasellaDiTesto ctMessaggio.Testo(5)

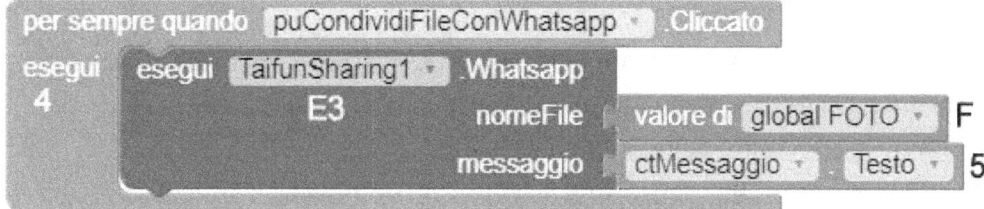

-Condividi messaggio di testo

Pulsante puCondividiMessaggio(2), al click viene condiviso un messaggio testuale.
Imposta il testo nella finestra di dialogo di condivisione TaifunSharing1.DialogoDefaultText(E1) con un blocco testo contenete "Condividi messaggio utilizzando".
Il messaggio testuale da condividere si trova nella CasellaDiTesto ctMessaggio.Testo(5) e viene assegnato alla prese "messaggio" del blocco TaifunSharing1.DialogoDefaultText(E1).

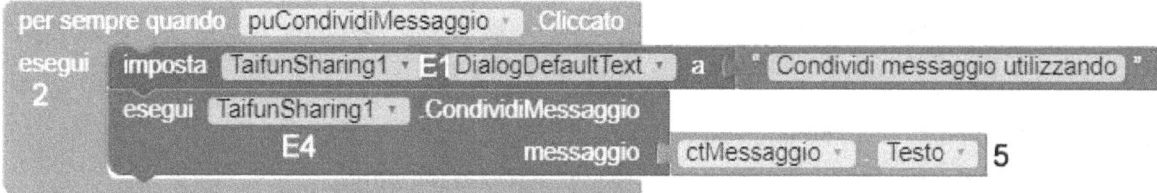

Forum di MIT App Inventor

App Inventor dispone di un, una comunità virtuale Internet (in lingua inglese) dove è possibile che inviare e leggere messaggi su argomenti specifici riguardanti App Inventor, restano poi a disposizione degli utenti.
Il forum è all'indirizzo Internet : https://community.appinventor.mit.edu/
Oltre all'uso come strumento di assistenza online consente di mettere in contatto gli utenti fra loro.
Per poter inviare messaggi occorre una registrazione dell'utente.
La domanda inviato possono ricevere risposta a distanza di ore, raramente è immediata.

Struttura del forum

All'accesso viene consigliato, prima di pubblicare, di utilizzare la funzione di ricerca per esaminare se la soluzione del problema è già stato data e quindi basta andare a leggerla senza necessità di fare domande.

Per fare la ricerca digitare del testo nel campo apposito con a fianco un pulsante a lente per inviarla.
Subito sotto delle parole con link portano a domande fatte in precedenza da altri:
Latest (Più recente), New (nuove), Unread (Da leggere), Top, Categories (categorie)

Nel caso sia necessario porre una domanda occorre fare click sul pulsante +New Topic.
Si aprirà una finestra dal titolo Create a new Topic (Crea un nuovo argomento).
Al di sotto un controllo dove inserire:

- Type title, or paste a link here (Digita il titolo o incolla un link qui)
  per esempio: "extension and guide",
  sulla destra apparirà una finestra dal titolo: Your topic is similar to.... (Il tuo argomento è simile a ...) con sotto una serie di link a domande e risposte già pubblicate per quell'argomento.
- category (categoria). Qui si apre un elenco a discesa con categorie fra le quali scegliere.
- option tags (tag di opzione). Qui è possibile inserire una serie di parole significative per l'argomento.
  Lo scopo è di fare meglio individuare dagli altri e quindi ricevere assistenza.

In genere sul forum valgono regole di buon comportamento per gli utenti (netiquette) codificate all'interno di opportuni regolamenti esposti al pubblico sul cui rispetto vigilano costantemente i moderatori.

Snippet, pillole di codice

In informatica, unità funzionale di un codice sorgente estratta da un programma e messa a disposizione degli utenti di Internet, in questo caso degli utenti di App Inventor.

Snippet_01_Tenere_schermo_sempre_acceso

Utilizzare un componente notifiche e uno orologio dedicati solo a questo uso.
Impostare l'orologio su un intervallo di 10 secondi.
Rendere trasparente il colore di sfondo del componente notifiche.
Quando Orologio.TimerConcluso si attiva visualizza un avviso che però è una stringa vuota.
Il dispositivo rimane attivo finché la batteria ha carica.

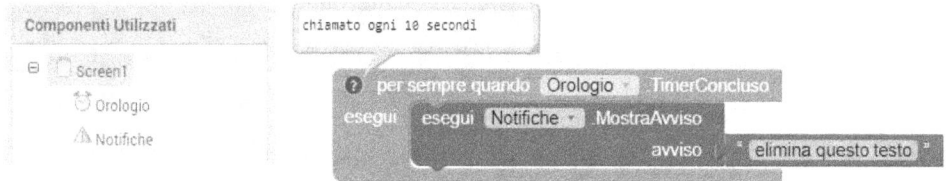

Snippet_02_riprodurre_suono_casuale_scuotendo_dispositivo

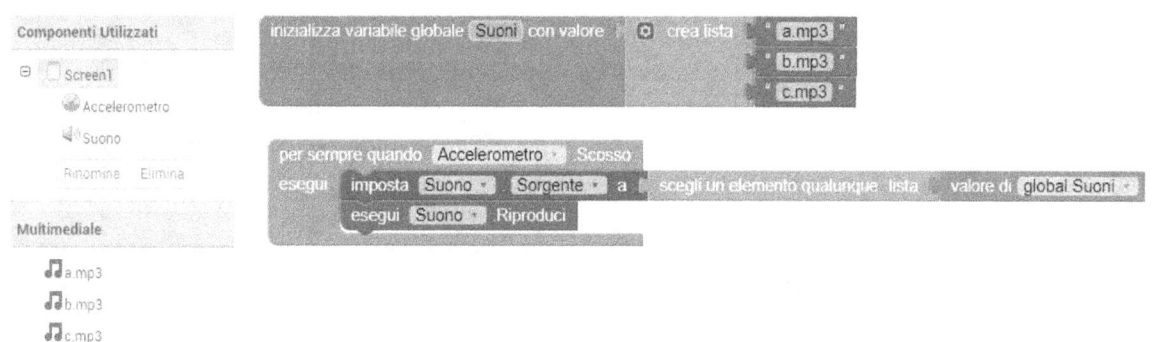

Snippet_03_formattare_testo_ETICHETTE_come_HTML

Il testo dei componenti Etichetta può essere formattato con un sottoinsieme di tag HTML.
Controllare la proprietà di progettazione HTMLFormat per abilitare questa funzione.
Nell'esempio la diversità con il componete Pulsante (giugno 2021)

Vedere tag HTM disponibili per formattare i testi.

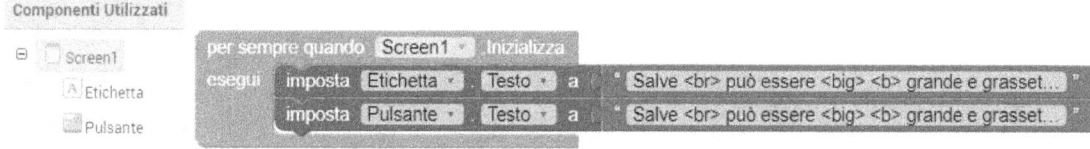

Snippet_04_formattare_testo_NOTIFICHE_come_HTML

Utilizzare un sottoinsieme di tag HTML per la formattazione dei messaggi finestre di dialogo ma non l'avviso e nemmeno i pulsanti.

Vedere tag HTM disponibili per formattare i testi

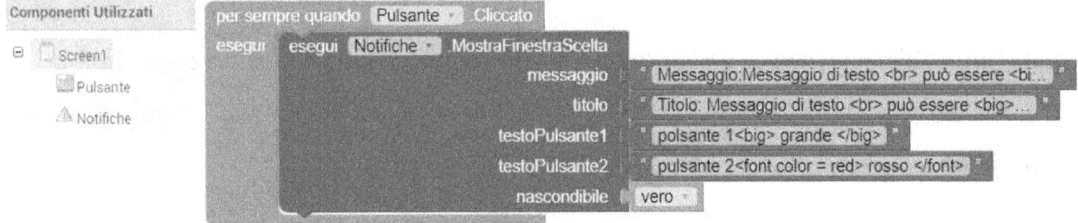

tag HTM disponibili per la formattazione dei testi:

- <b> grassetto</b>
- <font color = red> qui carattere in rosso </font> colore dei caratteri.
  Alcuni colori colori disponibili: black, blue, fuchsia, green, gray, brown, purple, red, silver, white, yellow
- <big> testo grande </big>
- <blockquote> indica che il testo contenuto è una citazione</blockquote>
-
testo su nuova riga
- <cite>titolo di un'opera creativa</cite> (es. Un libro, una poesia, una canzone ecc.)
- <dfn> specifica un termine che verrà definito all'interno del contenuto</dfn>
- <div>definisce una divisione o una sezione in un documento o messaggio</div>
- <em>testo enfatizzato</em> generalmente visualizzato in corsivo
- <small>testo più piccolo</small>
- <strong>testo con una forte importanza</strong> generalmente visualizzato in grassetto
- _{testo in pedice} appare mezzo carattere sotto la riga normale e talvolta viene visualizzato con un carattere più piccolo. Può essere utilizzato per formule chimiche, come H 2 O.
- ^{testo in apice} appare mezzo carattere sopra la riga talvolta con carattere più piccolo.
- <u>testo visualizzato con una sottolineatura</u>
  Puoi anche utilizzare il tag font per specificare il colore, ad esempio <font color = "blue">

Snippet_05_abilitare_Bluetooth_in_avvio

L'utente deve dare conferma

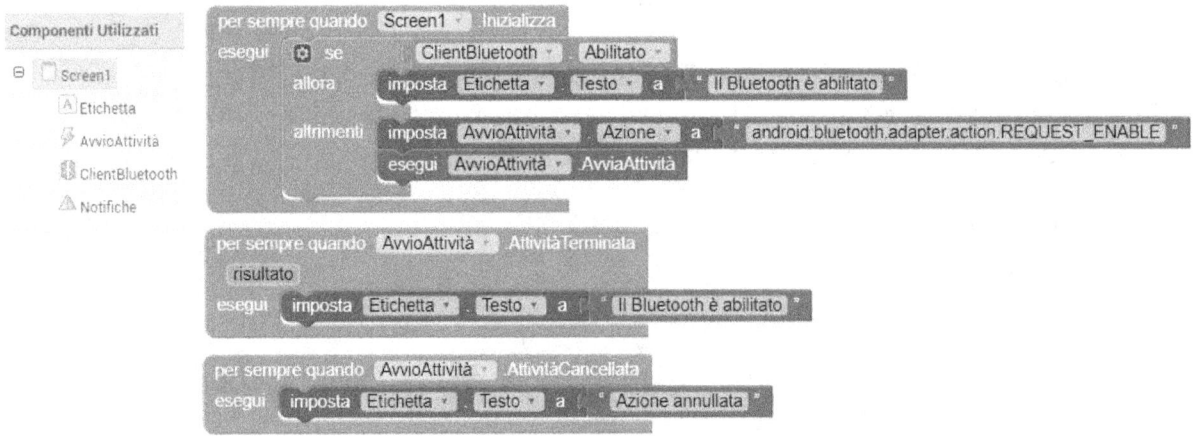

Snippet_06_VistaLista_controllo_dimensione_testo

Per la grande varietà di dispositivi esistono anche molte differenze nella risoluzione dello schermo.
Questo frammento di codice mostra come sopperire a questo problema.

Snippet_07_cambiare_sfondo_screen_con_cambio_orientamento

Servono 2 immagini, una in verticale, ritratto di Leonardo da Vinci, una in orizzontale, panorama di Firenze.
L'immagine verticale viene visualizzata quando il dispositivo è in verticale, l'immagine orizzontale quando il dispositivo è in orizzontale.

Componente utilizzato: Immagine

Proprietà:

- Altezza: Riempi contenitore
- Larghezza: Riempi contenitore
- ScalaImmaginePerAdattarla

Immagini caricate nell'App:

- verticale, ritratto di Leonardo da Vinci
- orizzontale, panorama di Firenze

Snippet_08_Querystring

Questo snippet non è solo per App Inventor ma generico in quanto può essere utile per molteplici linguaggi.
In questa guida la querystring è utilizzata nelle App:
App_34LettoreCodiceABarre_e_gestione_risultato
App_39MappaDaIndirizzo
App_40MappaDaLatitudineLongitudine
App_42MappaTragittoFraDueLuoghi

In informatica una query-string o stringa di ricerca è la parte di un URL che contiene dei dati da passare in input ad un programma.
L'URL conterrà l'indirizzo di un server, e il percorso nel suo file system per arrivare alla directory nella quale è presente l'eseguibile del programma.

La sintassi della querystring non è formalmente definita, si può tuttavia definire standard (perché implementata in tutti i browser e nei linguaggi di scripting il seguente schema:

- parametro1=valore1&parametro2=valore2&parametro3=valore3
- A ciascun parametro (che può avere nome arbitrario) viene assegnato un valore utilizzando il separatore "=".
- I vari parametri (limitati nel numero solo dalla lunghezza della querystring) sono intervallati dal simbolo "&"

Pubblicare App

le app possono essere pubblicate su Internet, regalate e vendute.

Di seguito i due metodi principali per poterlo fare

Condividere con conoscenti e amici

Le App assemblate con App Inventor possono condivise con conoscenti ed amici nei formati .aia e .apk.

Condividere .aia

Nel formato .aia, codice sorgente, è necessario che la persona ricevente abbia la possibilità di accedere al sito MIT App Inventor http://ai2.appinventor.mit.edu/ e caricarlo nel proprio spazio.

Da qui potrà testarlo, modificarlo e salvarlo nel formato .apk eseguibile compilato.

Per farlo è sufficiente salvarlo sul proprio PC:

Dal menù, voce Progetti, esporta il progetto selezionato (aia) nel mio computer.

Una volta salvato può essere inviato come allegato e-mail o utilizzando qualsiasi altro software che abbia la possibilità di inviare file.

Condividere .apk

Per condividere l'app in un formato eseguibile (.apk) occorre prima creare il pacchetto apk selezionando del menù Compila App(salva il file .apk sul mio computer).

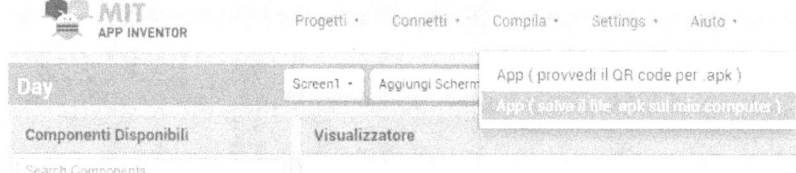

Una volta che il sistema ha creato il file .apk apparirà una finestra pop-up dalla quale sarà possibile salvarla sul disco rigido del computer.

Una volta completato il salvataggio è possibile inviare l'app tramite e-mail ma purtroppo, essendo un file eseguibile, per ragioni di sicurezza non è sempre possibile è l'email viene bloccata.

Di solito il problema viene risolto compattando il file apk creando un file zip oppure rar.

Chi lo riceve dovrà scompattarlo sul proprio PC e poi caricarlo sul proprio dispositivo Android.

Per caricarlo potrà utilizzare ad esempio WebSharing oppure un software analogo.

Una volta caricato, basterà faccia doppio click sull'icona del file apk per installarlo.

Tenere presente che per consentire l'installazione di applicazioni non commerciali potrebbe essere necessario modificare le impostazioni del dispositivo.

Caricamento delle App su Google Play

Le applicazioni create con App Inventor possono essere pubblicate su Google Play.

Per farlo è necessario essere/divenire sviluppatore Google e pagare una quota.

A questo indirizzo web i dettagli: https://support.google.com/googleplay/

Versione dell'App

Ogni app deve avere un VersionCode e un VersionName che è possibile impostare in ambiente Progettazione (designer) sotto il pannello delle proprietà per il componente Screen1.

- VersionCode è un valore intero che non sarà visibile agli utenti di Google Play Store. Viene utilizzato per verificare se l'App è stata aggiornata, il valore iniziale predefinito è 1 e dovrebbe essere aumentato di 1 ad ogni modifica/aggiornamento successivo.
- VersionName è una stringa di contenuto a piacere, l'impostazione predefinita è 1.0. Per convenzione riguardante i nomi delle versioni un numero decimale che viene aumentato di 1 per ogni modifica principale e 0,1 per ogni modifica minore. Ad esempio, un VersionName iniziale potrebbe essere 1.0 che può essere aggiornato a 1.1 dopo una piccola modifica e 2.0 dopo una modifica sostanziale.

Occorre quindi incrementare il VersionCode e cambiare il VersionName dell'App quando nel Play Store viene caricata una nuova versione.

Crea a scarica l' .apk sul PC come spiegato nel capitolo precedente
Una volta scaricato il file .apk, tutto è pronto per iniziare il processo di pubblicazione nel Play Store.

Pubblicare l'App

Andare alla pagina https://developer.android.com/distribute/best-practices/launch dove, la pagina principale ha per titolo:
"Come pubblicare, gestire e distribuire la tua app in tutto il mondo e seguire i passaggi"

www.ingramcontent.com/pod-product-compliance
Lightning Source LLC
Chambersburg PA
CBHW081101180526
45171CB00004B/401